马歇尔：市场和价格

[韩]金德洙 著
[韩]南基英 绘
王星星 译

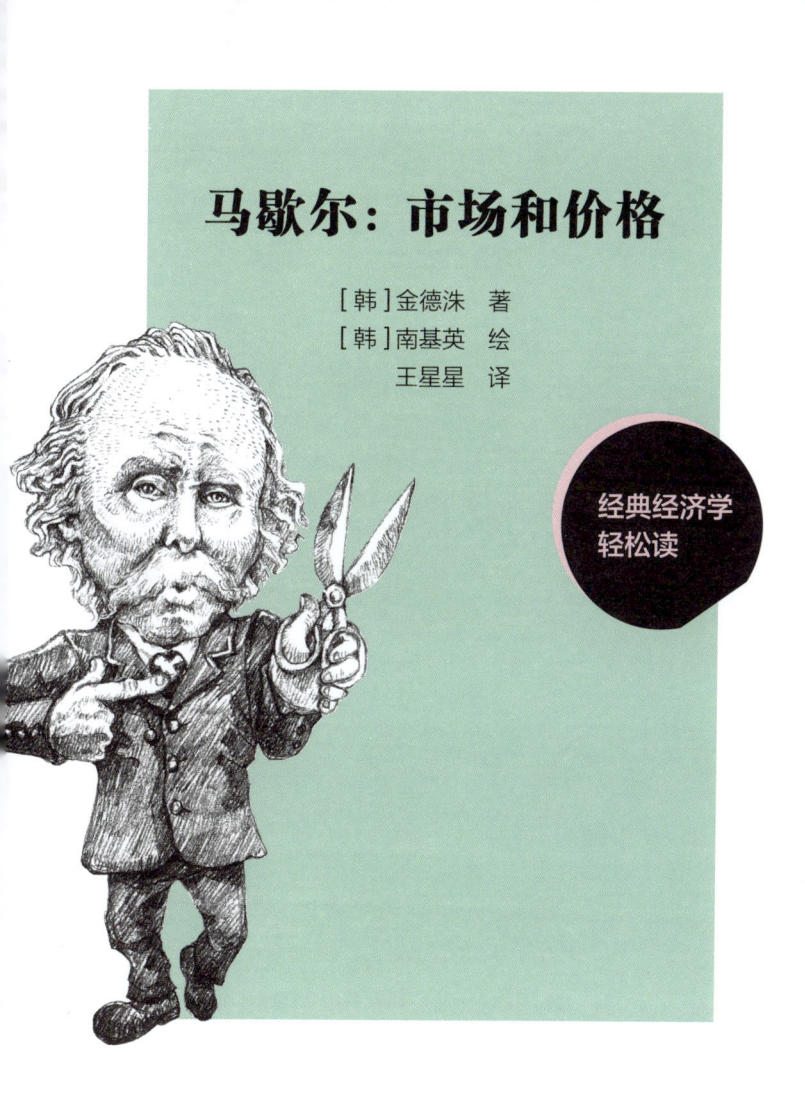

经典经济学
轻松读

中国科学技术出版社
·北京·

Market and Price by Alfred Marshall
©2022 Jaeum & Moeum Publishing Co.,LTD.
㈜자음과모음
Devised and produced by Jaeum & Moeum Publishing Co.,LTD., 325-20,
Hoedong-gil, Paju-si, Gyeonggi-do, 10881 Republic of Korea
Chinese Simplified Character rights arranged through Media Solutions Ltd Tokyo
Japan email:info@mediasolutions.jp in conjunction with CCA Beijing China
北京市版权局著作权合同登记 图字：01-2022-6307。

图书在版编目（CIP）数据

马歇尔：市场和价格 /（韩）金德洙著；（韩）南基英绘；王星星译 . -- 北京：中国科学技术出版社，2023.5
　ISBN 978-7-5046-9970-1
　Ⅰ.①马… Ⅱ.①金…②南…③王… Ⅲ.①经济学—研究 Ⅳ.① F0
中国国家版本馆 CIP 数据核字（2023）第 043572 号

策划编辑	申永刚　王碧玉	封面设计	创研设
责任编辑	韩沫言	责任校对	吕传新
版式设计	蚂蚁设计	责任印制	李晓霖

出　　版	中国科学技术出版社
发　　行	中国科学技术出版社有限公司发行部
地　　址	北京市海淀区中关村南大街 16 号
邮　　编	100081
发行电话	010-62173865
传　　真	010-62173081
网　　址	http://www.cspbooks.com.cn

开　　本	787mm×1092mm　1/32
字　　数	53 千字
印　　张	5.125
版　　次	2023 年 5 月第 1 版
印　　次	2023 年 5 月第 1 次印刷
印　　刷	大厂回族自治县彩虹印刷有限公司
书　　号	ISBN 978-7-5046-9970-1/F・1021
定　　价	59.00 元

（凡购买本社图书，如有缺页、倒页、脱页者，本社发行部负责调换）

序言

经济学逻辑性很强,因此在学习过程中我们需要有自己的思考。对于只是死记硬背的学生来说,经济学可能是一门很难且无聊枯燥的课程。但本书中涉及的经济理论和事例都无须背诵,只要能够理解其基本含义以及掌握经济学在生活中的应用,就不会轻易忘记。这正是经济学的魅力所在。

有"现代经济学先驱"美誉的本书主人公阿

尔弗雷德·马歇尔（Alfred Marshall）曾说过，学习经济学需要具备"冷静清醒的头脑和善良的心"。经济学需要发挥解决现实生活中的经济问题的作用。

编写本书的目的是想系统地阐释我们每天消费的商品和服务的价格，以及生产商品和服务所使用的生产要素的价格是由什么决定的。价格由什么决定这一问题是学习经济学的过程中至关重要的一部分。

想要知道价格由何决定这一问题，那就要先了解市场。在我们周围存在着多种类型的市场，每种类型的市场价格由何决定则各有不同。在本书中，我将用易于理解的语言对市场的含义，市场的种类和特点，不同市场类型的定价原理进行逐一讲解，希望由此能进一步提升各位读者的经济学思维。在此我要给大家分享学好经济学的三个秘诀。

第一个秘诀是一定要带着问题来阅读本书。如果只是死记硬背本书所讲的内容,那就无法锻炼自己的经济学思维。举个例子来说,在我们学习"当需求曲线与供给曲线相交时,相交点的纵坐标的值即为市场均衡价格"这一经济学理论时,不喜欢思考的读者就只会背诵这个理论。但是喜欢思考的读者就会思考为什么当需求曲线与供给曲线相交时,相交点的纵坐标的值即为市场均衡价格,在我们的周围是否有与这个理论相悖的例子。比如有人可能会提出疑问,我爸爸每周会把废品放在门外,但是回收这些废品的人并没有付钱给我爸爸。

第二个秘诀是反复复习学过的内容,直到

完全理解。这就要求大家养成认真精读书中的内容后再将自己的思考整理记录下来的习惯。

第三个秘诀是尽可能地以积极客观的态度看待我们社会存在的经济问题。学习经济学的主要目的就是解决我们社会中存在的经济问题。

现在由我作为本次经济学之旅的向导，让我们开启一段愉快轻松的经济学之旅吧！

金德洙

> 独家访谈 | 阿尔弗雷德·马歇尔
>
> # 冷静清醒的头脑和善良的心

今天我们邀请到了新古典学派的创始人——阿尔弗里德·马歇尔老师来为我们讲授经济学。在讲解本书内容前,我们先对马歇尔老师进行简单的采访。

记者: 您好,我是专访记者。一想到要采访您我就很激动。首先请您做一个简单的自我介绍。

马歇尔：大家好，我是阿尔弗雷德·马歇尔，我将和大家一起学习有趣的经济学。

记者：谢谢马歇尔老师。您能成为伟大的经济学家，父母的功劳应该也很大对吗？可以讲一下您小时候的故事吗？

马歇尔：我出生于1842年，我爸爸是银行职员，我妈妈经营一家肉店。在我小时候，我的父母，特别是我爸爸对我寄予厚望。但是这种期望反倒让我很有压力，因为爸爸希望我成为一名牧师。

为此我每天都要学习我既不喜欢又很难学的希伯来语和拉丁语到晚上十一点。与父亲对我的期望相反，我喜欢数学并关心各种社会问题。学习希伯来语和拉丁语对我来说非常痛苦。我自己想做的事和父亲对我的期望产生了强烈的冲突，这让我很有压力。

记者：所以您是偷偷学习数学的对吧。那您是怎么解决与父亲期望相冲突的问题的呢？

马歇尔：很幸运的是我有一位很理解我的叔叔。小的时候一到暑假，我就会去叔叔的农场度假，我在那里能够过上一段很愉快的时光。所以能够治愈一些爸爸给我带来的伤心。

记者：听说您大学学习的专业是数学，请问您在大学生活中遇到过什么困难吗？

马歇尔：上大学需要交很多钱，实在没办法的我就拜托在澳大利亚淘金热时挣了很多钱的叔叔帮我交学费。平时就很宠爱我的叔叔很爽快地答应了我的请求,因此我才能顺利地进入剑桥大学学习。除此之外,我通过教孩子学习数学来挣生活费。

记者: 那看来叔叔在您的成长过程中给了您很大的帮助。那么我很好奇还有谁影响了您,让您成为世界知名的经济学家?

马歇尔: 我在剑桥大学上学时,对我影响最大的人是哲学家约翰·斯图亚特·穆勒(John Stuart Mill)和亨利·西奇威克(Henry Sidgwick)。阅

约翰·斯图亚特·穆勒

读他们的书使我能够从经济学的角度冷静地审视和思考社会伦理问题。而且我在假期时会去贫困的地区转一转,亲身体验贫穷的人们所经历的苦痛与绝望。我因此就转而专注于经济学的学习与研究了。

记者: 原来如此。那您大学毕业后都做了什么呢?

马歇尔: 大学毕业后,1883年到1885年我在牛津大学贝利奥尔学院担任研究员和讲师。1885年到1908年,在剑桥大学担任政治经济学教授期间,我

> **约翰·斯图亚特·穆勒**
> 19世纪英国哲学家和经济学家,他发展了杰瑞米·边沁(Jeremy Bentham)的功利主义思想,对自由主义和社会民主主义政治思想的发展也做出了巨大贡献。
>
> **亨利·西奇威克**
> 英国哲学家和伦理学家,受到约翰·斯图亚特·穆勒的影响,站在了功利主义的立场上,引入康德哲学,试图整合功利主义和直觉论。

培养出了很多学生。我在剑桥大学任教授时说过的话至今还在很多人之间广为流传。

记者： 可以请您再说一下您的名言吗？

马歇尔： 哈哈！虽然有点害羞，但是希望可以对各位读者的梦想和未来有所帮助，所以就复述一下我就任演讲的一部分内容。

"有些人决心以冷静的头脑和温暖的心与社会斗争，为过上想要的生活而倾尽全力。剑桥大学是大家强大的后盾，尽最大努力让这些人更融入社会，这也是我最大的希望。"

记者： 谢谢您的发言。很多人说您是"现代经济学先驱"。您觉得您获得这种评价的原因是什么呢？

马歇尔： 我觉得我之所以得到这样的评价，完全是因为我从新的角度解决了以前的经济学家无法解决的问题。我成功地普及了许多经济学者也难以理解的众多抽象经济概念，例如价值理论、效用理论、需求和供给理论的整合、局部均衡理论、时间等经济变量的引进、弹性、经济地租等。而且我写的经济学教科书《经济学原理》(*Principles of Economics*)被很多后来的经济学者广泛阅读，也为我得到这样的评价做出了巨大贡献。

记者： 那么最后请您对梦想成为像您一样温暖的经济学家的读者们说一句话。

马歇尔： 我认为经济学是一门需要冷静的头脑和温暖的心的学科。所以希望大家能以积极的态度看待我们的社会，诚实正直地生活下去。大家如果能以这样的态度学习经济学我将无比开心。我们将以这样的态度引导大家进入有趣的经济学世界。

> **局部均衡理论**
> 只分析某一商品（或生产要素）自身的价格与其供求状况之间的关系而忽略该商品与其他商品的价格和供求的关系。
>
> **弹性**
> 指一个变量相对于另一个变量发生的一定比例的改变的属性。

记者： 好的，谢谢您接受我的采访。现在我们与阿尔弗雷德·马歇尔老师的访谈结束，下面开启我们的经济学学习之旅。

目录

第一章 探索市场诞生的奥秘 /1

市场的含义 / 3

最棒的发明之物物交换 / 7

市场经济的诞生 / 13

寻找市场内部的魅力 / 22

扩展知识 | 亚马逊的成功 / 29

第二章 需求与供给的原理 /33

改变世界的创意——剪刀的双刃 / 35

剪刀的上刃：需求与需求曲线 / 42

剪刀的下刃：供给与供给曲线 / 53

探索均衡价格由何决定 / 65

配置与分配的差别 / 72

第三章　多样的市场形态 / 87

商品市场和生产要素市场 / 89

消费者剩余和生产者剩余的秘密 / 95

机会成本与经济地租 / 102

四种市场类型 / 112

完全竞争市场 / 113

垄断竞争市场 / 119

寡头垄断市场 / 125

完全垄断市场 / 133

结语　在其他条件都不变的情况下 / 142

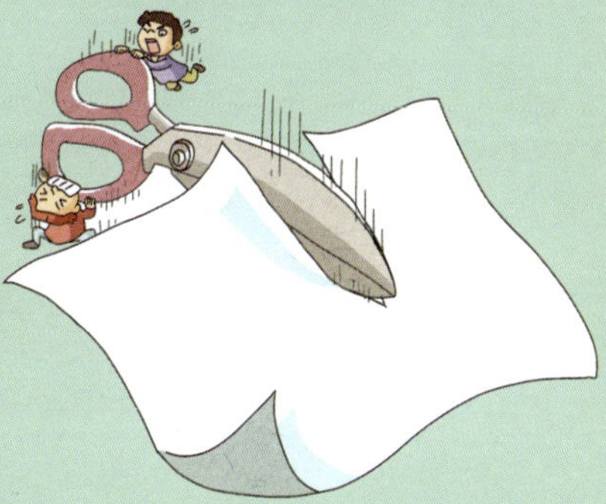

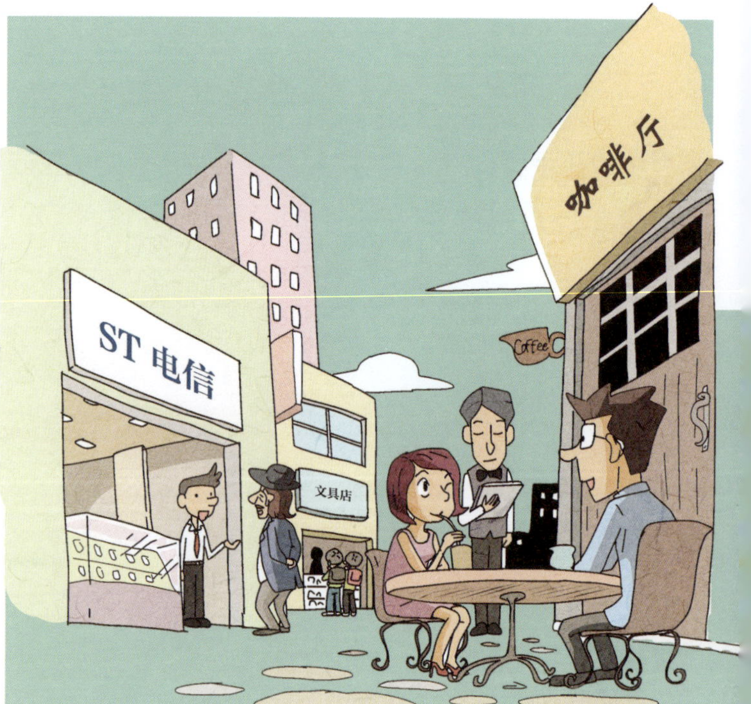
咖啡厅
ST 电信
文具店
Coffee

第一章

探索市场诞生的奥秘

　　市场一般是指消费者和生产者交易各种财物和服务，并针对交易的各种财物和服务进行价格商讨的场所。那么市场是如何产生的呢？下面让我们来了解一下市场的含义和它所具有的优点。

市场的含义

提起市场大家最先会想到什么呢?大家可能会想到文具店、超市、美容院、药店、花店、手机店、饭店等。这种类型的市场具有可以直接看到商品实物再进行购买的特点。

但是最近出现了很多新型市场,在这种新型市场中,即使消费者无法看到商品实物,消费者和商家之间也可以进行交易。这种新型市场以消费者和生产者之间的相互信任为基础进行商品买卖。有人预测今后这种新型市场将会越来越多,那么接下来让我们更详细地了解一下都有哪些新型市场。

首先,消费者和生产者通过网络这样的虚拟空间进行交易的市场就属于新型市场。像亚马逊(Amazon)这样通过网络向全世界读者出售书籍和各种商品的网络购物市场,或用于交易货币的外汇市场以及买卖外国证券和本国证券的证券市场等就是新型市场最具代表性的例子。

大家应该都有过在去海外旅行之前,在国内金融机构将自己国家的货币兑换为其他国家的货币的经历,这本质上是在外汇市场上进行的交易行为。

亚马逊
这是华尔街基金经理杰夫·贝佐斯(Jeff Bezos)创办的世界第一家网络书店,现在已发展成为世界最大的网络购物平台。

除此之外，证券市场也是新型市场有代表性的例子，比如美国人可以在美国的证券公司购买韩国三星电子公司的股票，韩国人也可以在美国证券市场购买美国苹果公司的股票。在这样的外汇市场或证券市场上，即使买卖双方不见面，金融公司的职员只要操作一下，就能瞬间进行大规模的资金交易。

因此网络市场没有实体市场特有的热闹氛围，也少了人们为了获得赠品或低价而展开的讨价还价的乐趣。

正如前面所说，市场的类型非常多元，可以是用眼睛能够看到的具体场所，也可以是网

证券公司

企业通过发行证券筹集资金，证券公司负责帮助投资者在证券市场进行买卖证券的业务，与证券交易所一起形成证券市场的中枢机构。

赠品

除了消费者已购买的物品自身，商家附加赠送的东西。

上的虚拟场所。因此希望大家不要将市场的含义局限在"买卖商品的特定具体场所"。

各位读者对市场的理解应该更加包容，发挥自己的智慧，以平等的眼光冷静地看待各种新型市场。因为越是执着于市场的固有概念，在未来的市场上我们能获得的财富就越少。

那么未来最大的市场是什么呢？我认为那很可能是消费者的心。哪个生产者能先抓住消费者的心，哪个生产者就能改变自己的命运。因此，生产者应该认真思考如何比其他竞争者更先提供消费者迫切需要的商品，从而赢得消费者的心。因为这将成为未来生产者核心竞争力的源泉。

最棒的发明之物物交换

市场最初是如何形成的呢？也许很多人回答物物交换是市场的最初形式。

物物交换是指人们为了获得自己需要的物品，不使用金钱，直接用自己拥有的物品与其他人的物品进行交换的行为。

如果有人问我人类创造的最好的制度是什么，我会毫不犹豫地回答是物物交换。因为物物交换与自给自足型经济相比更加进步和成熟。此处所讲的自给自足是指自己生产日常生活所需的所有商品，再自行消费。与此不同，物物交换时，不同生产者集中生产自己最擅长生产的商品。经济学上把这定义为专业化生产。

相比于自给自足型经济，物物交换的优点是各经济主体之间的相互交换可以使双方都消费更多的商品，由此人们的生活也变得更加丰富。因此我觉得人类创造的最好的制度是物物交换。

但是物物交换也有很多局限性。因为要想物物交换顺利进行，交易双方都需要付出很多努力。为了易于大家理解，我们假设在一个由基灿、东方、韩蔚、宝蓝、哲洙5个人组成的国家中只存在物物交换这一种制度，而且每个人制作自己最擅长的玩具给自己使用。

这时比别人有更多的橡皮筋弹弓，但没有玩偶的基灿试图进行物物交换。基灿如果想通过物物交换获得玩偶，就要找到既想要橡皮筋弹弓又拥有多余玩偶的人。因为物物交换的特点是交换双方之间的需求和协商条件要完全一致才能成功。

首先基灿会去问和自己关系最亲近的东方:"你想不想用你多余的玩偶换我的橡皮筋弹弓呢?"这时如果东方说:"好,我想换。"那么基灿和东方之间的物物交换就成功了。

但是如果东方回答"我虽然有多余的玩偶,但我不需要橡皮筋弹弓"或者"我想要橡皮筋弹弓,但我没有多余的玩偶",那么基灿和东方的物物交换就不会成功。基灿为了交换到自己想要的玩偶,只能重新寻找交易对象。

基灿需要一一寻找韩蔚、宝蓝和哲洙,反复问他们同样的问题,"你想不想用你多余的玩偶换我的橡皮筋弹弓呢?"运气好的话如果他们中的某个人愿意用自己的玩偶交换基灿的

橡皮筋弹弓，就可以成功进行物物交换。

但是如果他们中谁都不想要基灿的橡皮筋弹弓或都没有多余的玩偶，就无法进行物物交换。

想想忙了一整天却没换到自己想要的玩偶

的基灿吧。可以想象到物物交换失败的基灿会陷入极度绝望中。

这时物物交换制度的局限性就显现出来了，即只有交易双方对交换商品的需求一致，才能进行交易。

于是基灿只能自己制作玩偶，最终他还是要回到自给自足模式。这必然会产生在经济学中被视为最不好的资源浪费现象。相关内容后文也会多次提及，所以让我们来详细地讨论一下。

在讨论之前，想先问大家一个问题。对于基灿来说橡皮筋弹弓过多，但却没有玩偶，这意味着什么呢？这意味着相比于制作玩偶，基灿更擅长制作橡皮筋弹弓。

但是物物交换失败的基灿只能选择自给自

> **投入**
> 是指将人、物资、资本等投入需要的地方。

足。为了生产玩偶，基灿要投入大量时间这一稀缺资源。但是如果基灿将制作玩偶投入的时间集中到制作橡皮筋弹弓上会怎么样呢？

将制作玩偶投入的时间集中到制作橡皮筋弹弓上，花同样的时间就能制造出比玩偶产量更多的橡皮筋弹弓。之后如果进行物物交换，基灿就可以交换到更多的玩具。这样通过物物交换，人们在生产自己最擅长生产的产品后再交换自己需要的东西，可以防止稀缺资源被浪费的现象。

> 物物交换包含寻找交易对象，以及在进行各种交易时买卖双方共同商讨价格等过程。

但是正如前面所说，交易双方之间要想成功进行交换需要付出比想象中更多的努力，因为彼此的需求很难完全一致。物物交换的局限性就凸显出来了，而且如果不能交换成功，就会导致稀缺资源的浪费。

市场经济的诞生

到目前为止，我们学习了物物交换。现在让我们了解一下比物物交换更先进的现代市场经济吧。在此之前，让我们就市场的出现提出一个问题，市场是按照政府的命令人为形成的，还是自然形成的？正确答案是市场是自然而然地形成的。这是因为比起自给自足型经济和物物交换，市场给消费者和生产者都提供了更多的利益。经济学的定论是人类

> 人们积极参与专业化生产等活动，是从个人利己心出发的追求利益的行为。

定论
一般是指被普遍认定为正确的学说。

第一章 探索市场诞生的奥秘

内在的自私心理造就了市场!

据此可知消费者或生产者等经济主体都有一个共同点，即优先追求个人满足，也就是个人利益。

经济主体通过经验和直觉得知物物交换比自给自足更能改善生活质量，并能获得多种商品。于是他们开始自发地进行物物交换。因为物物交换带来的个人利益比自给自足更大。

但是随着生产力的不断发展，物物交换开始给人们带来不便。因为交易双方寻找交易对象的过程很麻烦，围绕交易条件展开的谈判也绝非易事。因此很多人开始寻找代替物物交换的新交易方式，最终诞生了比物物交换更强大的市场经济。

但有趣的是在此过程中，政府从未对消费

者或生产者说过"从现在开始创造市场经济"这样的话。总而言之，市场经济的诞生是以人类长期的生活经验和智慧的积累为基础而自然产生的时代产物。

如果说市场经济比物物交换更好的理由有什么，可以用以下三点说明。首先比起物物交换，市场经济的交易成本会大幅减少。

第一个理由是前面提到的物物交换伴随着很多交易成本。这里所说的交易成本是指找到与自己的需求完全一致的交易对象后，以他为对象达成交易所需的各种成本。

就像前文提到的基灿一样，为了寻找交易对象而辛苦奔波，还要搭乘公交车等交通工具。在经济学中这种成本叫作搜寻成本。另外即使找到了交易对象，为了达成交易也要就交易条件进行谈判。此时所说的交易条件是指橡皮筋弹弓和玩偶以何种比例进行交换,在此过程中会产生协商成本。此时搜寻成本和协商成本之和即称为交易成本。

但是如果有了市场,交易成本将大幅减少,因为可以省去寻找交易对象这一过程。市场会匹配交易双方各自的交易条件,使交易变得非常方便。

与物物交换不同,市场交易分为两个阶段,第一个阶段是提供自己制作的商品,并以此收取费用。这时收到的钱就是收入。如果基灿卖10个橡皮筋弹弓,每个弹弓1000韩元[①],那么他总共可获得10000韩元。

[①] 1000韩元≈5.5元人民币,以2023年2月汇率换算。——编者注。

第二阶段的交易是用货币购买自己需要的商品，比如基灿拿着10000韩元购买自己需要的商品，即玩偶。如果一个玩偶的价格是500韩元，基灿可以用10000韩元购买20个玩偶。这表明与物物交换相比，交易阶段减少到两个阶段的市场经济更具有实用性，搜寻成本也会大幅减少。

市场经济比物物交换更好的第二个理由是交易双方不必进行无聊的谈判。换句话说，交易双方都不需要考虑橡皮筋弹弓和玩偶以何种比例进行交换的问题。因为市场这一"看不见的手"能有效地决定橡皮筋弹弓和玩偶的价格。

市场价格一旦确定下来，谈判就会顺利地进行。生产者只需要决定是否以

> 市场的作用是让稀少的资源得到有效分配，避免资源浪费。

市场价格销售自己生产的商品，消费者只需要决定是否要以市场价格购买别人生产的商品即可。如果说在物物交换的过程中，为了谈判成功要绞尽脑汁，那么通过市场进行交易，则可以省去令人绞尽脑汁的谈判过程。而这正是市场经济的魅力所在。

第三个理由是,在资源配置方面,市场价格起着非常重要的作用。市场价格在我们社会中可以起到防止稀缺资源浪费的作用,经济学将市场价格称为"信号的传达"。那么根据前面提到的例子我们来学习一下"信号的传达"内在的经济意义。如果某款橡皮筋弹弓的市场价格定为每个1000韩元,只有当消费者通过购买橡皮筋弹弓获得的满意度高于不消费这1000韩元获得的满意度时,理性的消费者才会选择购买,反之消费者就不会购买这款橡皮筋弹弓。

但是如果免费赠送橡皮筋弹弓会怎么样呢?很多人会蜂拥而至地争抢橡皮筋弹弓,甚至完全不需要橡皮筋弹弓的老人们也会想着要给自己的孙子或孙女要个橡皮筋弹弓而加入争抢的群体中。

虽然有的人对橡皮筋弹弓的需求度较低，但因为橡皮筋弹弓是免费的，所以想要的人增加了。在这种情况下为了满足很多人对橡皮筋弹弓的需求，就必须增加产量。但是在资源有限的情况下为了增加弹弓的产量，就只能减少其他商品的产量。从社会角度来看，放弃比橡皮筋弹弓更能满足自己的其他商品就是稀缺资源的浪费。

由此可以看出，将弹弓的市场价格定为1000韩元，可以从根本上阻止需求度较低的消费者进行消费。这样即使不增加弹弓产量，也不会出现社会供给不足的现象。另外由于生产者只生产消费者消费的一定数量的橡皮筋弹弓，所以可以防止不必要的资源浪费。

从生产者的角度来看也是如此。投入相同品质和相同数量的生产资源生产多种商品时，生产者将优先生产市场价格最高的商品。因为只有这样才有可能获得比别人更多的利润。此时，市场价格会告诉生产者生产哪种产品才能获得更多的利润。这就是市场为生产者传达信号的功能。

除此之外市场价格还起到"诱因提供"的重要作用。这意味着市场价格给经济主体赋予了强大的动机。请去百货商店里面的服装店看看。店员们会热情地向路过服装店的人们打招呼。他们为什么会这样做呢？

因为服装店店员们的工资是由基本工资和销售奖金组成的。也就是说，吸引顾客到服装店可能为他们提高销售额做出贡献，从而影响他们的工资。此时工资是指劳动市场对服装店店员支付的报酬。所以服装店店员为了得到更多的工资，会对顾客亲切热情地打招呼。这就是诱因的提供。

这样的市场会永恒存在吗？这是不一定的。因为市场与生物体的演进相似，也会经历生老病死的过程。如果谁推出比现在市场更强大、更精巧的商业交易系统，现代的市场经济制度也会在留下名字后悄然消失在历史的长河中。这就是我们正在学习的市场经济的命运。

寻找市场内部的魅力

在前面我们了解了比物物交换具有更强大影响力的市场经济的诞生奥秘。我们还浅谈了市场决定商品或服务的价格的经济作用和功能。但是市场经济只有优点，不存在缺点吗？除了减少由搜寻成本和协商成本组成的交易成本，市场经济还有哪些经济上的优点呢？现在让我们更详细地了解一下这些问题吧。

> **生老病死**
> 意味着人的一生要经历出生、变老、生病、死亡的过程。

第一，市场具有引导经济主体追求分工，从而进行特色化生产、专业化生产的优点。自给自足型经济是个体直接生产自己需要的商品后再自行消费的经济体制。但是市场经济要求经济主体只专注于自己最擅长的事情。

> 市场经济让人们在各自擅长的领域进行专业化、分工化的工作，从而使工作更加熟练，生产出高品质的商品。

下面我们来讲一下在市场经济下平凡的韩国人面包王金卓久的故事吧。他在烤面包方面

第一章　探索市场诞生的奥秘 • 23

有比别人更出色的才能，但在其他事情上却没有什么天赋。因此比起制作衣服等其他东西，专心烤面包对他来说更有利。

因为比起在做不擅长的事情上浪费宝贵的时间，把时间用于自己最擅长的烤面包，从而生产更多的面包并将其推向市场，就能赚很多钱。如果用这笔钱购买其他商品，他的生活水平会大大提高。

同时，专注于烤面包会积累很多经验，金卓久可以开设教授烤面包技术的学习班，也可以在国内外开设自己品牌的连锁店，成为面包公司的董事长。现代社会是行家成功的时代，因此在烤面包方面具有卓越能力的金卓久如果不把目光投向其他地

> 在市场上追求利益的经济主体面临竞争，这是市场经济的一大特征。

方，只专注于烤面包，那么他成功的概率必然会比其他人高。

> **高附加值**
> 是指在生产过程中新创造的价值，即附加在产品原有价值上的新价值。

第二，市场具有引发生产者之间激烈竞争的优点。而这种竞争对消费者也会产生积极的影响。因为生产者之间的竞争，会降低商品价格，提高商品质量。生产者要想在市场上生存下来，就必须与其他生产者展开激烈的竞争并取得胜利。制造高附加值产品的技术革新、为减少生产成本的工序技术革新都是竞争的产物。

第三，市场经济不仅可以扩大消费者选择的范围，还可以引导生产者生产消费者想要的商品。这也与上面所提到的竞争有关。

在韩国经济困顿的20世纪70年代初，当

时市场上只生产和销售一种类型的牛仔裤。现在十分强调个性和风格的各位读者可以想象一下大家都穿着相同样式、颜色和设计的牛仔裤的场景。

如果大家都穿着在市场购买的同样的牛仔裤上学，你会产生什么心情呢？我猜大家可能会不想再穿那条牛仔裤了。从这个例子来看，现在可以理解商品的选择范围变广对我们消费者来说是多么的幸福了吧。

在市场经济中，即使消费者没有要求生产某种特定商品，生产者也会生产多种类型的商品。大家应该没有对制作牙膏的公司说过"请生产竹盐牙膏"，尽管如此，牙膏公司也会生产竹盐牙膏然后供应给市场。

市场与格斗使用的擂台没有什么不同。如果在竞争中失败，生产者就要悄无声息地退出市场。如果生产者不想陷入这样的失败中，就应该认真倾听消费者的需求，而且要比其他竞争者更早制作出更好的商品提供给消费者。只有这样的企业才能立于不败之地。

那么市场对于我们来说是全能的灵丹妙药

> **灵丹妙药**
> 指用于治疗各种疾病的药物或处方，但在文中是比喻在各种情况下都有用的对策。
>
> **自由竞争**
> 不受任何干涉或制约的市场结构，在自由状态下进行的市场竞争。
>
> **贫者愈贫、富者愈富**
> 意思是原先贫穷的人越来越穷，原先富有的人越来越富。

吗？绝非如此。看起来完美的市场经济制度也存在很多的缺点。这与光和影子共存的道理是一样的。

市场经济制度对于在竞争中被淘汰或从一开始就没有竞争力的人来说是非常不利的制度。

自由竞争以弱肉强食的丛林法则为前提，因此这种制度本质上存在不能解决贫者愈贫、富者愈富的结构缺陷的局限性，所以需要政府出面。政府为了解决市场无法解决的社会经济问题，就需要适度介入市场。因此大家应该充分考虑市场经济制度所具有的优缺点，并努力以客观的角度看待市场经济。

扩展知识

亚马逊的成功

市场从诞生起就一直在持续发展,其类型也愈发多种多样。最近线上交易的网络购物平台正在大量增加,这在很大程度上得益于网上购物平台所具有的经济优势。

创造网上购物平台成功神话的代表性公司就是亚马逊公司。亚马逊公司是世界最早的网上书店,现在已发展成为世界最大的网络购物平台,这家公司由华尔街的基金经理杰夫·贝佐斯创办。贝佐斯认为网上商店可以比实体商店经营更多种类的商品,但当时品种最多、领域最广的就是书。因此1995年,亚马逊公司从网上书店起步正式开始提供服务。

从可以给消费者提供多种选择机会的角度来看，这是一个具有足够竞争力的新型市场。因为网络具有不受空间限制的特性，可以卖很多种类的商品，还可以为消费者减少时间和物质成本，提供便利。这些优点快速吸引了广大消费者。因此亚马逊网站自开通起就获得了热烈的追捧，其影响力发展得巨大，美国的众多实体书店甚至因此倒闭。

亚马逊公司通过连接全世界网站和本公司网站的战略合作和构建多种客户服务系统的方法等，得到了发展，除书籍之外，事业还扩展到了多个领域。亚马逊公司的成功是其开拓新型市场、发挥交易优势的结果。这也是表明市场可以不断变化和发展的典型案例。

还剩了好多米吃不完。
你那坛子哪儿来的啊？
用我的大麦和别人换的。
对！可以物物交换啊！
路途遥远，骑着驴子来既费钱又费时间。
用我的米换你的坛子可以吗？
现在没有坛子了。用酒瓶换米可以吗？
但是我不需要酒瓶啊。
要是能有个大家交易需要的东西的地方就好了。
市场的诞生
闹哄哄的市场
自从有了市场之后，省下了去寻找卖家的成本，真是太好了。
这条鱼多少钱？
给我三升米。
给我一升米就可以了。
那就二升米吧。
啊，这就是“看不见的手”的威力！
谁让你卖这么便宜的？
是市场决定的！

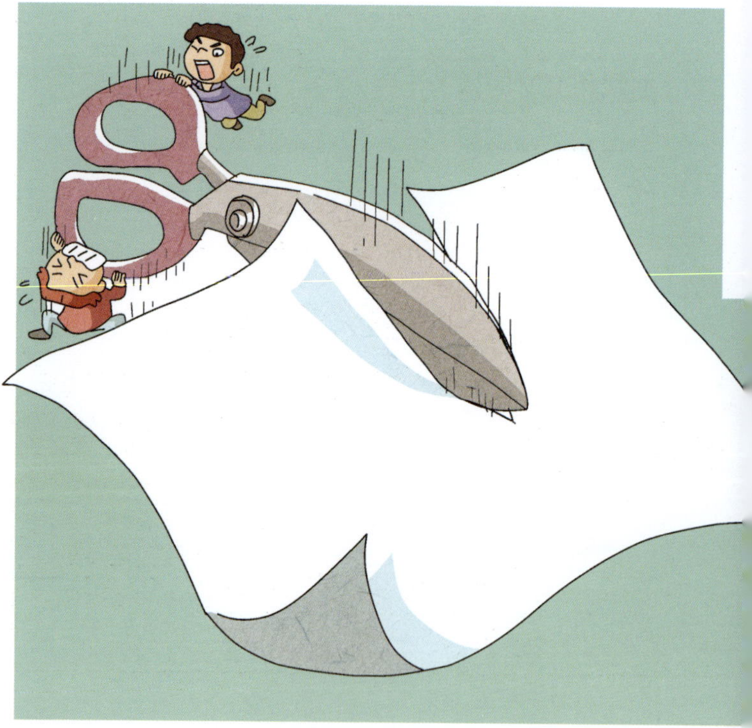

第二章

需求与供给的原理

　　仔细观察用剪刀剪东西时剪刀的样子,剪刀的上下双刃同时发挥作用。需求曲线和供给曲线相交时的样子与剪刀的上下两刃同时发挥作用的原理相似。接下来让我们详细了解一下为什么说需求曲线和供给曲线相交的点的纵坐标的值就是市场价格吧。

改变世界的创意——剪刀的双刃

历史经验证明改变世界的巨大力量总是从小的想法出发,探明需求与供给的原理也经历了这样的过程。两个世纪前,人们还没有想到需求曲线和供给曲线相交从而决定市场均衡价格。19世纪中后期,古典学派的学者和边际效用学派的学者对决定价格的因素展开了激烈的争论。

亚当·斯密等古典学派的学者信奉劳动价

> **古典学派**
> 由亚当·斯密创立，创立时间早于边际效用学派。古典学派主张自由放任主义，反对国家介入经济。
>
> **边际效用学派**
> 19世纪70年代，由英国的威廉姆·斯坦利·杰文斯（William Stanley Jevons）、奥地利的卡尔·门格尔（Carl Menger）和法国的里昂·瓦尔拉斯（Léon Walras）奠基的学派，通过边际效用概念解释了商品的价格。

值决定商品价格的劳动价值论。他们认为生产者投入生产资料并通过劳动者的劳动制作的东西是商品，商品的价格是由劳动者工资的多少决定的。

例如制作一本书需要5个小时，每小时工资为4000韩元，那么书的价格就是20000韩元。根据该主张，给工人的工资是生产者为生产商品而支出的成本，因此相当于生产成本，这与供给曲线密切相关。可以说这个学派主张商品的价格是由供给决定的。

但是奥地利的卡尔·门格尔、英国的威廉

姆·斯坦利·杰文斯、法国的里昂·瓦尔拉斯等边际效用学派学者的想法与古典学派学者的想法完全不同。他们主张商品的价格不是由劳动的价值决定的,而是根据消费商品的边际效用决定的,即他们主张商品的价格是由需求决定的。

那么让我们先了解一下边际效用的含义吧。这是有点艰涩难懂的用语,效用是指在一定时间内消费者消费一定量的商品所获得的主观满意程度。假设大家在购买并使用一支铅笔的过程中感受到的个人满意度是200的话,那200就是效用。但是再多购买一支铅笔,如果一共获得了300左右的满意度,那么此时的边际效用就是那增加的100。

边际效用的计算过程分为两个阶段。第一

阶段是求出多消费一支铅笔时个人满意度的变化，第二阶段是求出铅笔消费量的变化。边际效用是前者除后者所得的值。让我们一起计算一下吧。

首先在计算边际效用的第一阶段，个人满意度变化为购买两支铅笔时获得的效用300，减去购买一支铅笔时获得的效用200的值，即100。在第二个阶段铅笔的消费量变化是两支铅笔减一支铅笔的值，即1。前文讲过边际效用是前者除后者所得的值，即100除1，则边际效用就是100。但是边际效用是从消费者的角度得出的概念。边际效用学派正是遵循这种逻辑从而得出需求决定价格理论的。

当时他们围绕需求和供给争论得非常激烈，针对这种情况马歇尔联想到了剪刀。剪刀由两个刃即上刃和下刃组成,只有上刃和下刃同时发挥作用才能剪东西。

马歇尔以这样的想法为起点,将需求曲线和供给曲线比喻成剪刀的两个刃(图2-1)。也就是说要想在市场上交易商品,需要剪刀上刃象征的需求曲线和剪刀下刃象征的供给曲线同时发挥作用才可以。这是将古典学派的供给曲线和边际效用学派的需求曲线相结合的惊人

(a) 剪刀　　　　　　(b) 需求曲线和供给曲线

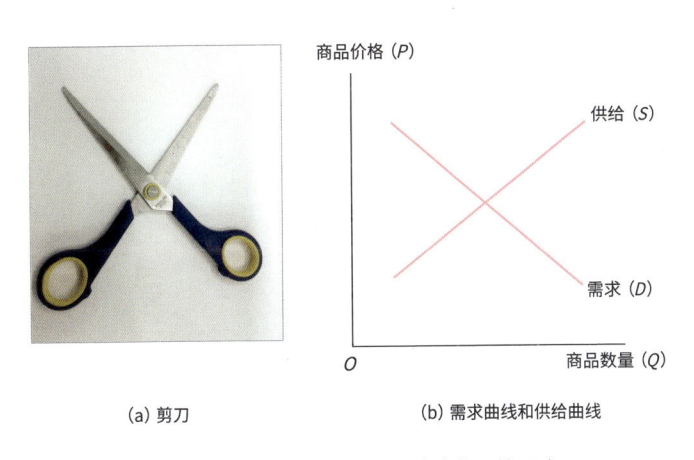

图2-1　将需求曲线和供给曲线比喻成剪刀的两个刃

第二章　需求与供给的原理　◆　39

想法。

在我们周围有什么例子能够很好地说明这种想法呢？俗语"一个巴掌拍不响"就是最具代表性的例子。这与需求曲线和供给曲线相交从而在市场上形成均衡点的原理相同。

马歇尔在《经济学原理》一书中详细地记述了关于该原理的具体想法。此后众多经济学家和学习经济学的学生欣然认同了马歇尔的主张。因此现在这个主张成了改变世界的重要理论也被大家所熟知。换句话说，把需求曲线和供给曲线相结合从而决定市场价格的理论写成书的人就是马歇尔。谈到市场经济，大部分人都会认为是亚当·斯密的理论，但马歇尔的贡献也很大。

俗话说"只要正确理解需求和供给，鹦鹉

也可以成为经济学博士"。这说明需求理论和供给理论非常重要。所以接下来本书将非常仔细地讲解需求和供给。只要大家学好需求和供给,就将拥有高水平的经济视野,从而更准确地评价我们现实的经济状况。让我们继续学

第二章 需求与供给的原理 41

习吧!

剪刀的上刃:需求与需求曲线

经济主体为了解决不断出现的经济问题需要思考许多问题以做出决策。每当这时,经济主体最先考虑的是市场价格。那么对价格形成产生决定性影响的因素是什么呢?关于这个问题,上文中提到了用剪刀的两刃来比喻供给和需求。那么从现在开始我们将讲解相当于剪刀上刃的需求和需求曲线。

购买力
人们支付货币购买商品或服务的能力。

需求是指具有购买力的经济主体在各个可能的价格下希望购买某种商品的数量。而需求量(quantity demanded)是指具有购买力的经济主体在某一价格下希望购买某种商品的数量。

特别是需求量，在影响需求的各种因素（相应商品的价格、相关商品的价格、消费者的数量、消费者的收入、消费者的偏好、对未来价格的预测等）中，只有除相关商品价格以外的其他因素保持不变的前提条件成立的情况下，这种概念才能成立。

> 具备购买力的消费者在各个可能的价格下购买商品和服务的数量被称为需求，以某一价格水平购买商品或服务的数量被称为需求量。

需求曲线表示商品的各种价格和需求量组合成的曲线。换言之，是指除了该商品的价格，在其他因素没有变化的情况下，该商品的价格和需求量之间存在的一对一的对应关系。需求曲线向右下方倾斜，这表示如果商品价格上升的话需求量会减少，如果价格下降的话需求量会增加。经济学认为这种原理即为需求法则。

如图2-2所示,横轴代表冰激凌的需求量,纵轴代表冰激凌的价格。这种向右下方倾斜的需求曲线看起来似乎非常简单,但其中隐藏着消费者围绕商品需求量展开的理性而激烈的思考。其中的具体情况如下:

首先需求曲线的高度代表消费者能从消费

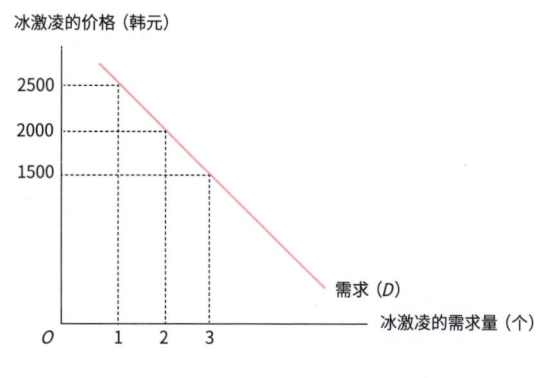

图2-2　向右下方倾斜的需求曲线图

冰激凌中获得效用的最高水平。而且需求曲线向右下方倾斜意味着消费者购买的冰激凌的数量越多，获得的边际效用就越低。经济学中将这称为"边际效用递减法则"。

从图2-2来看，消费者在购买1个冰激凌时能够获得的效用相当于2500韩元，购买2个冰激凌时获得的效用相当于2000韩元，购买3个冰激凌时获得的效用相当于1500韩元。购买的冰激凌越多，从多购买的冰激凌中感受到的效用就越少。向右下方倾斜的需求曲线正反映了这种特点。

此外，需求量意味着消费者在一定的价格水平上想要消费的最大数量。例如如果冰激凌的价格是2500韩元，消费者最多想要购买1个冰激凌。也就是说理性的消费者在冰激凌的价格为2500韩元时不会消费1个以上的冰激凌。

那么引起这种情况的原因是什么呢？在冰激凌价格为2500韩元时，我们来看一下消费者购买2个冰激凌会怎么样。

消费者购买2个冰激凌时，他支付给生产者的价格为5000韩元（=2500韩元×2个），但是购买2个冰激凌获得的效用最大只相当于4500韩元（=2500韩元+2000韩元）。如果是理性的消费者，只有在购买冰激凌能够获得的效用不小于冰激凌的价格时才会购买冰激凌。所以如果冰激凌价格为2500韩元，消费者只会购买1个冰激凌。

再者，消费者购买1个冰激凌时，他最多愿意支付给生产者2500韩元。这意味着如果生产者在供应1个冰激凌时将冰激凌定价在2500

韩元以上，消费者将不会购买冰激凌。

因为消费者的目的是以最低的价格购买商品，所以可以说他们实际支付的价格就是愿意为此商品支付的最高价格。比如消费者在和卖家讨价还价时，常常说"买这个商品我最多就付这些，不能再多付了"，这里消费者说的价格就是他们愿意为此商品支付的最高价格。

需求的变化和需求量的变化

那么需求的变化和需求量的变化到底有什么区别呢？大部分第一次学习经济学的学生都认为这两个概念是一样的。但是需求的变化和需求量的变化存在很大的差异。下面我们来区分一下需求的变化和需求量的变化的概念。

需求的变化是指除了该商品的价格，当其

他因素变化时导致该商品的需求量发生变化，在图形上表现为整个需求曲线的横向移动。图2-3（a）表示需求的变化。而需求量的变化是指在其他因素固定不变的状态下，只有该商品的价格发生变化时该商品的需求量发生变化，在图形上表示为需求量在需求曲线上的纵向移动。图2-3（b）表示需求量的变化。

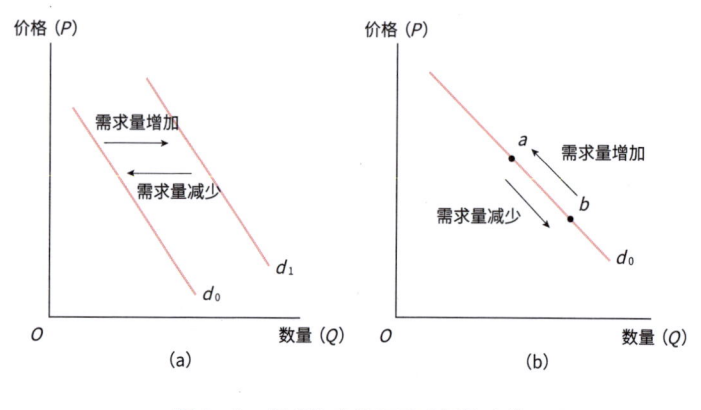

图2-3 需求的变化和需求量的变化

影响需求变化的因素

经常被提及的影响消费者需求变化的因素有消费者的收入水平、消费者的数量、消费者偏好、消费者对未来价格的预测、相关商品的价格。其内容简要介绍如下。

> 影响消费者对某些商品需求的因素有消费者的偏好和收入水平、相关商品的价格、消费者的数量等,由此产生的需求变动在图形上表现为需求曲线整体的移动。

一般来说,当消费者的收入增加,需求也会相应增加,收入减少,需求也会相应减少。但是根据实际情况,也有消费者收入增加,但需求减少的情况。例如购买鸡肉的人收入增加后,他们变得更喜欢买牛肉。此时消费者对鸡肉的需求减少,对牛肉的需求增加。在这种情况下,经济学将鸡肉定义为劣等品,将牛肉定义为优等品。

另外消费者的数量增加或对任何商品的偏好增加时会导致需求增加。还有消费者在预测将来某种商品价格会上涨的情况下，消费者对该商品的需求也会增加，其原因是在商品价格进一步上涨之前，消费者会出现囤积心理，从而购买更多该商品。

> **囤积**
> 指的是消费者预测某种商品价格会上涨，为了实现利益最大化而集中购买该商品。
>
> **替代关系**
> 指两种商品可以互相代替来满足同一种需求。

在像汽水与可乐这样，存在替代关系的商品之间，如果汽水的价格上涨，消费者对汽水的需求会减少，而对可乐的需求则会增加。

而在像网球拍和网球这样，存在互补关系的商品之间，如果网球拍价格上涨，消费者对网球的需求就会减少。如果网球拍的价格上

涨，消费者对网球拍的需求就会相应减少，消费者对作为网球拍互补品的网球的需求也会随之减少。

> **互补关系**
> 指如果两种商品必须组合在一起才能满足人们的某种需求，那这两种商品之间就有互补关系。

个人需求和市场需求

市场上存在很多消费者。单个消费者的需

求称为个别需求，整个市场的需求称为市场需求。到目前为止我们讨论的是个人消费者的需求曲线。假设个人消费者的需求之间是彼此不影响的独立的关系，市场需求就可以被定义为个人需求的横向的和。这里的横向的和是指在相同的价格水平上所有消费者的个人需求量的合计值。

比如说市场上只有哲洙和泰宇两个消费者。如图2-4所示，当冰激凌价格为2500韩元时，哲洙购买了1个冰激凌，泰宇购买了2个冰激凌，那么此时冰激凌的市场需求是多少呢？当冰激凌的价格为2500韩元时，冰激凌的市场需求是3（1+2）个，这就是横向的和。

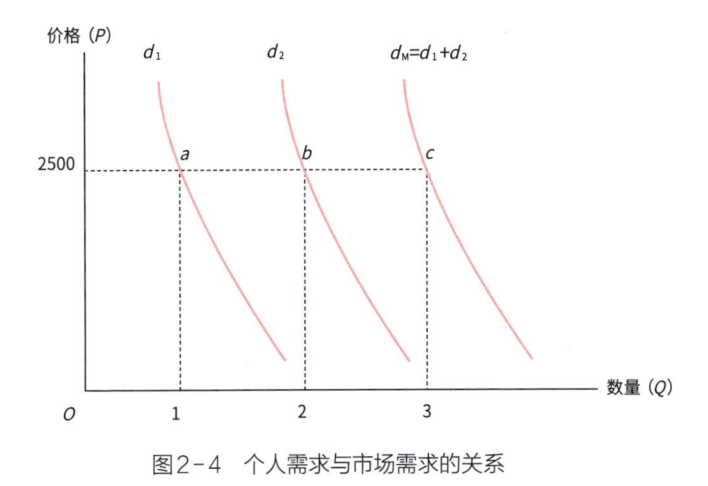

图2-4 个人需求与市场需求的关系

剪刀的下刃：供给与供给曲线

从现在开始我们来看一下相当于剪刀下刃的供给与供给曲线。和前面提到的关于需求的内容相比，供给与供给曲线也许会更容易理解。

供给是指生产者在各个可能的价格下销售

某种商品的数量。与此相反，供给量是指具有生产及销售能力的生产者在一定时间内以特定价格水平销售某种商品的数量。

但是供给量这个概念是以影响供给的各种因素（相关商品的价格、生产要素价格、生产技术、税收和补助金、相关商品的价格等）中，除相关商品的价格外，其他因素保持不变为前提的。

供给曲线是指在一定时间内可能出现的相关商品的各种价格和供给量组合而成的曲线。因此在除该商品的价格以外的其他因素不变的情况下，供给曲线是表示该商品的价格和供给量之间的一对一对应关系的曲线。

供给曲线在图中向右上方倾斜。其原因是如果某商品价格上升，该商品的供给量就会增加，如果价格下降，供给量就会减少。经济学中把这样的原理称为供给法则。

虽然向右上方倾斜的供给曲线看起来非常简单，但与需求曲线一样，隐藏着生产者围绕商品供给量展开的冷静且利己的思考。在图2-5中，横轴代表篮球供给量，纵轴代表篮球价格。那么让我们以此为基础详细了解一下供给曲线吧。

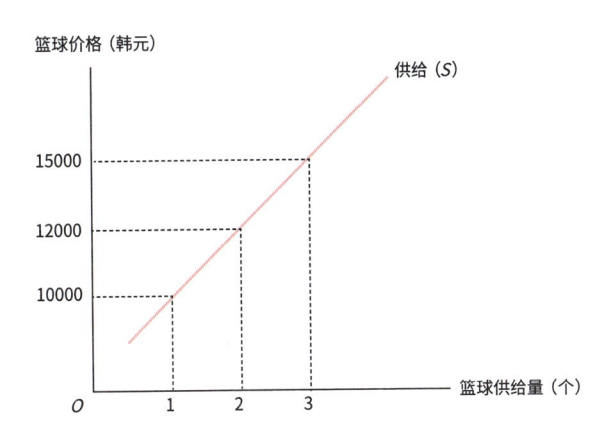

图2-5 向右上方倾斜的供给曲线图

边际成本

指的是每一单位新增生产的产品（或者购买的产品）带来的总成本的增量。

在其他条件不变的情况下，某种商品的价格与其供应量之间呈同方向变动关系。因此供给曲线向右上方倾斜。反映商品价格和商品供应量之间关系的法则被称为供给法则。

图2-5中供给曲线的高度代表生产者生产篮球所需的边际成本（marginal cost）的大小。供给曲线向右上方倾斜意味着生产者生产的篮球越多，边际成本也会随之增加。

此时生产者生产一个篮球所需的总成本为10000韩元，生产两个篮球所需的总成本为22000韩元。那么为了生产3个篮球，共需要37000韩元。这意味着生产的篮球越多，边际成本就越高。所以供给曲线向右上方倾斜是因为边际成本递增。

此外，供给量是指生产者在某一价格水平上想要销售的某种商品的数量。例如当篮球价格为10000韩元时,生产者最多想要销售1个篮球。这意味着如果篮球价格为10000韩元,生产者只会供给1个篮球。

生产者生产第2个篮球时,需要12000韩元的边际成本。因此生产者认为为了再生产一个篮球至少要将篮球定价为12000韩元。但是消费者只想支付10000韩元。因此生产者会拒绝再多生产篮球。通过这种方式,我们知道了生产者只提供与商品的价格和边际成本相同水平的商品。

再者,生产者生产1个篮球时他想要的最低价格是10000韩元。这意味着如果消费者支付1个篮球的金额低于10000韩元,生产者将拒绝生产篮球。

"生产者是想尽可能从消费者那里赚更多

钱的人",所以生产者生产篮球时想要得到的价格可以定义为最低价格。生产者为了从消费者那里赚到更多的钱,会设置"低于这个价格就会亏损"的防线,即最低价格。

供给的变化和供给量的变化

供给的变化和供给量的变化有什么区别呢?大部分第一次学习经济学的学生都会认为这两个概念是一样的。但是这两者之间存在着巨大的概念上的差异。下面详细说明一下供给的变化和供给量的变化的区别。

供给的变化是指该商品价格以外的其他因素变化时导致供给发生变化,这在图上表现为供给曲线整体的移动。图2-6(a)表示供给的变化。与此相反供给量的变化是指在其他因素不变的状态下，在只改变该商品的价格时，相应出现的供给量的变化，这在图上表现为供给量在供给曲线上的移动。图2-6（b）表示供给量的变化。

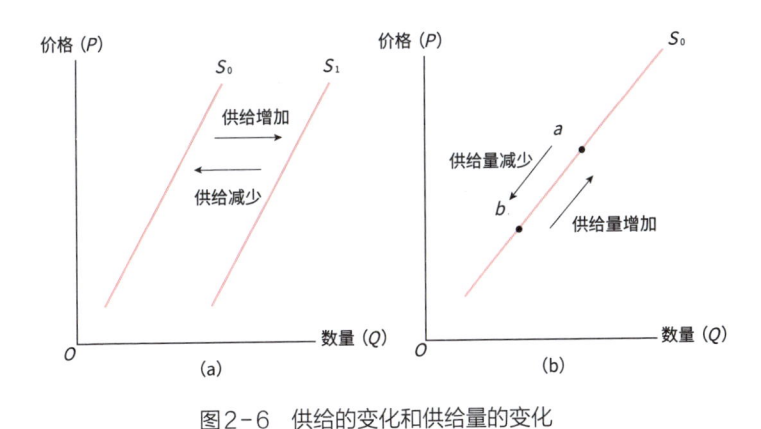

图2-6 供给的变化和供给量的变化

影响供给变化的因素

影响供给变化的是工资、利息、租金等生产要素价格，技术革新，税收和补助金，具有

> **生产要素**
> 是指生产商品需要投入的劳动力、土地、资本、技术等。

> **技术革新**
> 指生产技术上的改进,如工艺规程、机器部件等的改进。

互补关系或替代关系的相关商品的价格等。其详细的内容如下。

第一,工资、利息、租金等生产要素价格下降,生产成本就会减少。这样用与以前一样的生产成本可以生产更多的商品。原因是同样的花费可以购买更多的生产要素来投入到生产中。所以如果生产某商品的生产要素价格下降,该商品供给就会增加。

第二,如果发生技术革新,与以前规模相同的生产要素可以生产比以前更多的商品。如果一名工人拿着镰刀努力工作2个小时可以修剪200坪的草坪。但是此时引用技术革新创造的割草机来修剪草坪将会如何呢?结果是一名工人可以在同样的2个小时内修剪1000坪的草坪。因此如果某商品的生产方式发生技术革新，该商品的供给也会增加。

> **割草机**
> 是一种用于修剪草坪、植被等的机械工具。

第三，对特定商品的生产征收税金会导致相应商品的生产成本提高，从而减少供给，发放补助金则是通过降低相应商品的生产成本来增加供给。下面我们来举一个引发环境污染的铸造厂生产农具的例子。看看如果对镰刀的生产者征收公害税会引发什么现象。

> **铸造厂**
> 通过熔炼金属，制造铸型，并将熔融金属浇入铸型等工艺流程，铸造金属制成品的工厂。

如果制作一把镰刀的生产成本是5000韩元，此时，政府对每把镰刀征收500韩元的公害税，那么现在镰刀生产者需要的总生产成本则为5500韩元。生产成本如此之高，生产者自然会提高镰刀的售价。而且如果镰刀的销售价格提高，镰刀的需求就会减少，镰刀的需求减少，镰刀的供给也会随之减少。

政府向生产者发放的补助金与此相反。这个留作大家的思考题。在思考时请结合生产成本思考。总而言之征税会减少商品供给，补助金的发放会增加商品供给。

第四，一种商品的供给受与该商品有替代关系或互补关系的其他商品的价格变化的影响。例如，可乐和汽水互为替代品。如果可乐的价格上升，汽水供给就会减少。原因是当可乐价格上涨时，生产商会生产更多的可乐，同时减少汽水的产量。

另外，牛肉和牛皮是具有互补关系的互补

品。如果牛肉价格上涨，牛皮供给也会增加。原因是如果牛肉价格上涨，畜牧业者就会向市场大量出售牛，在牛被屠宰的过程中，牛皮供给也会自然而然地增加。

个人供给和市场供给

市场上存在很多生产者。单个生产者的供给叫个人供给，整个市场的供给总和叫市场供给。到目前为止我们学习的是关于个人生产者的供给曲线。

假设个人生产者的供给是相互独立的，对彼此的供给没有任何影响，市场供给就可以被定义为个人供给的横向的和，市场供给曲线就可以被定义为个人供给曲线的横向的和。这里的横向的和是指在相同价格水平上所有生产者的个人供给量合计的值。见图2-7。

例如,假设市场上只有哲洙和泰宇两人,他们两人都是养牛的畜牧业从业人员。当一头牛的价格是500万韩元时,哲洙和泰宇分别要供给1头牛和2头牛,我们可以说"当牛的市场价格为500万韩元时,牛的市场供给量是3头"。即市场供给是个人供给的横向的和。

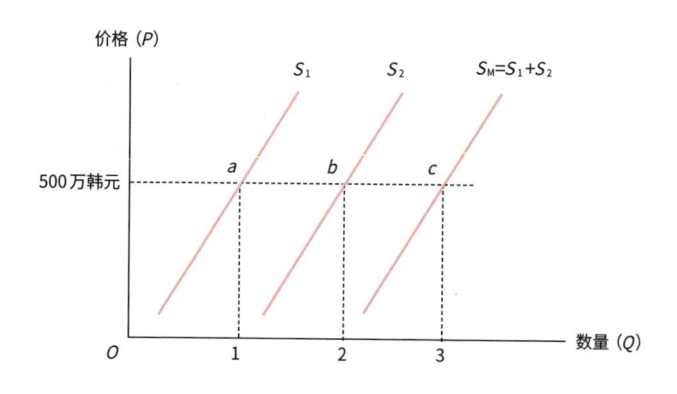

图2-7 个人供给和市场供给的关系

探索均衡价格由何决定

正如前面讲的市场需求被定义为个人消费者需求横向的和，市场供给也被定义为个人生产者供给横向的和。而商品的市场价格是由市场需求和市场供给相交决定的，相交点被称为市场均衡点。

均衡本来是物理学的用语。物理学中一般认为均衡是指某一物体受来自相反方向、相同的力牵制，因此在没有外部冲击或刺激的情况下，该物体倾向于维持原来稳定的状态。

经济学中所说的均衡的含义也与此相似，经济学将各种变量暂时处于一种平衡状态，不存在引发新变化的可能。换句话说，消费者或生产者中任何人都无法做出比现在更好的选择的状态被定义为均衡状态。所以，均衡价格是

指市场需求量与市场供给量完全一致，不存在超额需求或超额供应时的商品价格，将在该价格下的交易量定义为均衡交易量。

现在让我们利用市场需求曲线和市场供给曲线看看市场均衡价格和均衡交易量是如何形成的。这个问题我们可以通过观察在特定价格上，当市场需求量和市场供给量不完全一致时会发生什么现象，就能更容易理解。

如图2-8所示，当棒球手套价格为30000韩元时，市场上会出现棒球手套紧缺现象。在这个价格下，消费者想要购买300副手套，而生产者只能供给100副手套。这时，市场上就会缺少200副手套。这种现象在经济学上叫作超额需求。市场上出现超额需求就意味着存在消费者未能以想要的价格购买到自己想要的商

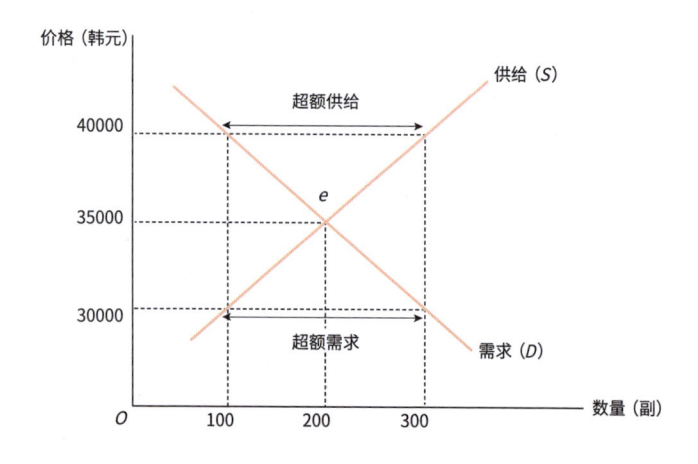

图2-8 棒球手套的市场均衡价格和均衡交易量

紧缺
因商品非常缺乏而供应紧张,导致消费者购买困难。

品的情况。

假如消费者没能以30000韩元购买到自己想要的手套,他们可能会愿意支付比30000韩元更高的价格来购买手套。因此手套的价格就会慢慢上升。最终手套价格上升到35000韩元时就不会再出现超额需求的现象。原因是手套的市场需求量和市场供给量在这个价格下达成一致。

> 均衡价格是指某种商品的市场需求量与市场供给量相等时对应的价格。与均衡价格相对应的商品成交数量被称为均衡交易量。

那么当手套价格为40000韩元时会发生什么样的情况呢？在这个价格下，消费者只想买100副手套，而生产者可以供给300副，所以市场上的手套会多出200副。这种现象在经济学上被称为超额供给。市场上出现超额供给就意味着市场上存在不能按照自己想卖的价格销售商品的生产者。

没有按照自己理想的价格——40000韩元销售手套的生产者，在消费者出价低于40000韩元时，为了减少亏损，也会想出售手套。那么手套的价格就会慢慢下降。当手套价格下降到35000韩元时,就不会再出现超额供给的现象了。原因是价格达到35000韩元,手套的市场需求量和市场供给量就会在这个价格下达成一致。

像这样,如果某商品出现超额需求现象,该商品价格就会上升,如果某商品出现超额供给现象,该商品价格就会下降。而且这一系列的调整过程将持续到市场需求量和市场供应量完全一致为止。经济学将这一系列的调整过程定义为"探索过程"(tatonnement process)。

均衡的稳定性问题

下面我们来看一下均衡的稳定性问题。稳定均衡是指脱离均衡状态后能够恢复到原来的均衡状态,即"存在恢复力的均衡"。相反,不稳定均衡是指一旦<u>脱</u>离均衡状态，就无法回到最初的均衡状态。

请看图2-9，如果用力地推放在山顶的1号球会发生什么呢？1号球会从山下滚下来，在谷底正中央停止，这也意味着无法回到最初处于均衡状态的山顶。经济学认为这种均衡是不稳定的均衡。

但如果对谷底正中央的3号球施加力或冲

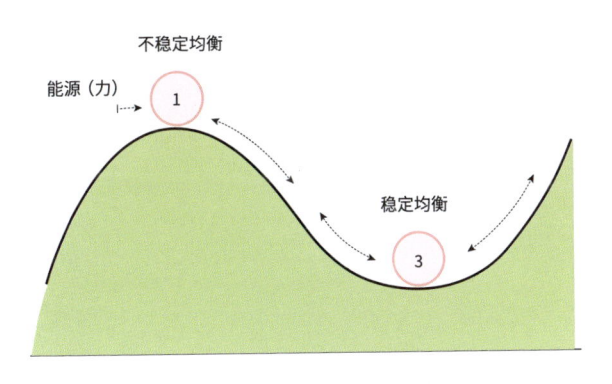

图2-9 稳定均衡与不稳定均衡

击，刚开始球会左右晃动，最终会回到最初的均衡状态，即谷底正中央的位置。像这样可以回到最初均衡状态的均衡被定义为稳定均衡。

我们学习的均衡仅限于稳定的均衡。因为不稳定均衡的问题需要很多的知识积累才能进一步讨论。记住，现在市场上决定均衡价格的原理与稳定均衡的原理是一样的，这对经济学学习会有很大的帮助。

配置与分配的差别

到现在为止我们详细了解了需求和供给的相关理论。现在我们来思考为什么要认真学习需求和供给理论。这与要学习经济学的本质原因一脉相承。大家认为必须努力学习经济学的真正理由是什么？

也许最正确的答案是：为了有效利用稀缺的资源，以最低的成本取得最好的效果。从这个观点出发，现在让我们学习有关稀缺资源配置的问题。

为了有效分配市场上稀缺的资源，市场这一"看不见的手"是至关重要的。当然在理想情况下政府没有必要介入市场，但在我们的现实生活中却并非如此。市场这一"看不见的手"的资源配置（resource allocation）功能没有正常发挥作用，稀缺资源被浪费的情况比比皆是。这时政府介入市场，试图纠正资源配置的低效率问题。

但是大家读经济学相关书籍会发现两个有趣的经济学术语，就是配置和分配这两个专业术语。很多学生误以为配置和分配是同样的概念。其实不然，配置和分配是完全不同的两个概念。从现在开始让我们来看一下这两个专业术语之间有什么差异。

消费方面的配置

首先从资源配置（resource allocation）这个术语可以看出，配置总是和"资源"这个词放在一起使用。与此相反分配总是与"收入"一词放在一起使用。那么让我们从现在开始更详细地说明这两对术语为何总是放在一起的理由吧。

首先配置是适用于消费和生产过程的经济学术语。与此相反，分配是只适用于生产完成后的经济学术语。为了明确地体现配置和分配的差异，我们来看一个例子。

假设大家每天24个小时中有10个小时是学习时间，6个小时是自由时间，8个小时是睡觉和休息时间。这时时间对大家来说就是一种稀缺的资源。如果在规定时间不做该做的事情，比如把学习时间用于打工赚零花钱，就可以更容易理解为什么说时间对大家来说是一种稀缺的资源。因为时间错过了就不会再来。

但是大家为了有效利用时间这一稀缺资源，首先要认真思考如何分配6个小时的自由时间。也就是要思考自己在自由时间里想做的活动和预期效用及所需时间。然后为了不浪费时间这一稀缺资源，需要做出合理的决策。

表2-1是大家的活动事项以及预期效用和所需时间。

表2-1 活动事项、预期效用和所需时间

活动事项	预期效用	所需时间
与朋友闲聊	400	2小时
看电影	250	2小时
运动（篮球、足球、棒球等）	300	2小时
与父亲一起钓鱼	80	6小时
参与养老院志愿活动	100	3小时

如果在这张表中大家将定为自由时间的6个小时按照与朋友闲聊、看电影、运动各分配两小时的安排度过，即可获得950的预期效用，那么各位就很好地利用了时间。在这种情况下，可以说我们有效地配置了时间这一稀缺资源。

但如果6个小时的自由时间全部用于与父亲一起钓鱼，那么大家就相当于浪费了稀缺资源。因为如果6个小时的自由时间全部用于与爸爸钓鱼能获得的预期效用只有80，和按照与朋友闲聊、看电影、运动各两小时来分配自由时间相比，可以获得的预期效用降低了870。这就属于资源配置失败。做出这样决策的消费者，浪费了时间这一稀缺资源，所以不是理性的消费者。

生产方面的配置

假设大家是生产商品的生产者，有劳动100单位和资本200单位，可以根据这些生产要素生产的商品种类和各商品的市场售价如表2-2所示。

表2-2 生产的商品种类和各商品的市场售价

商品种类	单位价格	产量	销售收入
运动鞋	5000韩元	20双	100000韩元
钓鱼竿	60000韩元	5支	300000韩元
女装	200000韩元	1件	200000韩元
包	70000韩元	6个	420000韩元
钢笔	45000韩元	5支	225000韩元

大家会用给定的生产要素制作什么商品呢?如果都用于生产包,大家就是理性的生产者,因为没有浪费劳动和资本这一稀缺资源。在这种情况下利用给定的资源可以获得最多的收入。

但是如果用同种数量的生产要素生产包以外的商品,那么必然会发生资源浪费的情况。最差的选择是以同样数量的生产要素生产运动鞋,这样做会获得最少的收入。

之所以说生产运动鞋是最差的选择,因为这样获得的销售收入最少,造成的资源浪费最为严重。这种生产者在市场上只会被淘汰。这就是生产方面的配置问题。

分配问题

现在让我们了解一下分配这个专业术语吧。分配不是在消费和生产过程中出现的,而是在生产完成后诞生的概念。例如大家生产包,实现了没有资源浪费的有效生产活动,从而获得了最多的收入420000韩元。那么生产者应该向在生产包的过程中做出贡献的人支付报酬。

例如向提供劳动的劳动者支付工资,向提供资本的人支付利息,向提供土地的人支付土

> 人们通过多种方法参与生产活动，以此获得工资、利息、地租等收入。
>
> 人们通过自己提供的资源获得收入，通过这种分配拥有购买商品或服务等的能力。

地租金，向生产者本人支付利润。通过这样分配获得的收入和劳动者的工资收入一样被看作经济主体经营经济生活的源泉。

收入分配是指将销售商品获得的收入分配给在生产过程中做出贡献的人。例如销售包获得的收入420000韩元，可以将其分为工资收入100000韩元，利息收入100000韩元、地租收入100000韩元、利润收入120000韩元。所以为了将各要素的分配收入最大化必须努力实现基本利润最大化。

虽然大家为了实现基本利润最大化齐心协力，但在收入分配过程中却做不到公平，这就是冷酷的现实。原因是什么呢？最先想到的原因是客观地计算个人在生产过程中的贡献程度并不像说的那么容易。所以大部分社会都在通过自己的分配制度来解决这些问题。

尽管如此，到目前为止还没有制定出所有人都认可和接受的完美的分配制度，所以在分配领域总是出现分歧。虽然没有达成社会共识，但是到目前为止，作为支配我们社会的分配制度主要包括完全平均分配，按劳分配，按需分配，根据能力差异分配等。

第一，完全平均分配顾名思义是指所有参与生产的人都应该得到同样的份额。在这种情况下谁都不愿意努力工作。其主要原因是没有对努力工作的人给予特殊的待遇或利益。所以如果完全平均分配盛行，必然会产生生产效率

> **蓝领**
> 指从事体力劳动的工人，他们工作时一般穿蓝色工作服。
>
> **白领**
> 指不需做大量体力劳动的工作人员，通常他们有较高的教育背景，工作时多穿白色衬衫。

低下的问题。

第二，按劳分配，例如从事高危行业的蓝领的报酬应该比白领的报酬更高。这种分配制度会遭到部分劳动者的批评。

第三，按需分配是指应该给需要更多钱的人更多的报酬。也就是说比起年轻人，让年龄相对较大的人获得更多的报酬。因为他们比年轻人需要更多的钱，比如子女结婚费用、子女教育费用、家庭抚养费用、养老费用等。

第四，根据能力差异分配是指主张以个人工作能力作为分配报酬的依据。也就是说比起不具备能力的人，对于工作能力突出的人应该给予更多的报酬。最近大部分企业都立足于这样的标准，实行年薪制，但也不能因此就认为这种分配制度是完全正确的。因为围绕评价能力的标准，社会还没有就此完全达成共识。

到目前为止，可以看出分配制度在本质上是决定在一些情况下更优待某一特定人群的制度。但是在这一过程中相对被冷遇的人们肯定会对社会通用的分配制度表现出强烈的反对。所以为了所有人都能团结一致，我们应该制定能让很多人产生共鸣的分配制度。

好饿啊，有卖三明治的地方吗？
就是说呢！
没吃早饭就上班的人很多啊！
去买面包和鸡肉。
好的。
三明治
卖三明治啦！
正好我很饿！
超美味三明治
请给我一个三明治。
我也要。
好！
需求增加了，购买大量原材料能节约成本吗？
能。
一个月就卖了这么多三明治。
阿姨
我干了很多活，你给我多少工资呢？
租金和原材料都是我出的钱，给你发工资就很好了。
多的那一部分是你的奖金。
谢谢。

进入壁垒

第三章

多样的市场形态

市场根据交易的商品种类和竞争程度可以分为多种类型。在第三章让我们看看各类市场的特点，了解一下消费者和生产者在其中各起到什么样的作用。

商品市场和生产要素市场

根据交易对象不同,市场类型可以分为商品市场和生产要素市场。简言之,交易商品的市场是商品市场,买卖生产要素的市场是生产要素市场。我们在第二章学习的需求和供给理论就是以一般商品市场为背景的。

我们先了解生产要素市场。生产要素市场理论

> 对劳动或资本等生产要素的需求,是生产者为了向产品市场提供商品而衍生出来的需求。

第三章 多样的市场形态 • 89

对解释经济主体的收入是如何而来的也会有很大的帮助。

我们举一个简单的例子说明一下之所以这么说的原因。只付出劳动这一生产要素的劳动者的收入等于劳动者每小时的工资乘以劳动时间。劳动市场决定该劳动者每小时的工资，所以为了理解经济主体的收入必须学习生产要素市场理论。只有系统地学习生产要素需求供给理论，才能正确掌握生产要素的市场均衡价格和均衡交易量是如何形成的。那么首先让我们详细了解一下生产要素市场和商品市场的几个差异。

事实上商品市场和生产要素市场在根据需求和供给从而决定市场均衡价格和均衡交易量这一点上没有什么差异。但是在"需求的主体是谁？""交易对象是什么？"这些方面存在差异。

> **派生需求**
> 是指对生产要素的需求，意味着它是由对该要素参与生产的产品的需求派生出来的。

当需求主体是消费者时是交易对象商品市场，当需求主体是生产者时交易对象则是生产要素市场。另外交易商品和服务的是商品市场，交易包括劳动在内的各种生产要素的是生产要素市场。

商品市场对商品的需求可以称为直接需求或第一次需求，相反生产要素市场对生产要素的需求并不是直接需求。之所以这么说，是因为在市场上先有了消费者对商品的需求，才有了生产者在生产过程中对各种生产要素的需求。由此来讲对生产要素的需求，可以称为派生需求或第二次需求。因此，可以把第二次需求理解为是间接需求。

另一个不同之处是各种市场的经济主体最关心的问题不同。商品市场的经济主体最关心的问题就是在商品市场上如何最大限度地提高消费者的主观满意度，如何最大限度地提高商品效用。但是生产要素市场的经济主体最关心的问题是生产者的利润最大化和生产成本最小化。对于生产者来说最关心的问题是如何减少生产成本，以获得比别人更多的利润。

综上所述，商品市场对商品的需求来源于最大限度地提高商品效用，生产要素市场对生产要素的需求来源于最大限度地提高企业利润。

> 在市场上生产者想以有限的资源获得最多的利润，消费者想以有限的收入获得最大的满足。

商品市场主要涉及的问题是假设消费者的

收入是固定的，那么购买多少商品才能最大限度地提高消费者个人的主观满意度。而生产要素市场涉及的问题是消费者的收入是如何形成的。

所以经济学将生产要素市场理论定义为功能收入分配理论。这里"功能"一词意味着在生产过程中该生产要素起到了什么样的功能或作用，即在生产过程中提供了劳动，还是提供了资本。

另外，商品市场上资源的有效配置是非常重要的问题。但是资源是有效分配还是不合理分配，有多种评判标准。经济学入门的阶段可以利用剩余（surplus）的概念来评价资源配置的效率性。消费者剩余和生产者剩余属于代表性的例子。有关剩余的知识将在下一章中介绍。

当然资源配置的效率性也是研究生产要素市场的重要问题。因为劳动、土地、资本等生产要素也属于稀缺的资源。但是在生产要素市场上，不用剩余这一概念，而是用机会成本或经济地租来阐释资源配置的效率性问题。

那么为了让大家更好地理解上述内容，我们来说明一下消费者剩余、生产者剩余、机会成本、经济地租的概念及其差异。这些概念的诞生都有马歇尔的贡献。

消费者剩余和生产者剩余的秘密

在词典中查找剩余一词，其定义为"用完剩下的"。那么如何定义消费者剩余呢？按照词典消费者剩余应该解释为"消费者用完剩下的"。但是在经济学中并非如此。

消费者剩余是指"消费者愿意为消费某一商品或服务而支付的价格与实际支付的价格之间的差额"。最早将消费者剩余概念化的人就是马歇尔。

那么为了便于理解这个概念，举一个例子

进行说明。假设大家非常喜欢某个公司做的某双运动鞋,甚至愿意用50万韩元购买那双运动鞋,但在市场上用20万韩元就能购买那双运动鞋,此时,消费者剩余就等于50万韩元减去20万韩元,即30万韩元。

如图3-1所示,运动鞋的市场均衡价格和均衡交易量分别是P_e和E。消费者为了购买OE双运动鞋,有意支付的金额在图中可以用梯形$OabE$的面积来表示。但是消费者通过市场交易实际支付的金额是运动鞋价格P乘以运动鞋交易量OE,即在图上可以用长方形OP_ebE的面积来表示。

根据这幅图可以更直观地理解上述内容,购买2双运动鞋时,消费者愿意支付的金额在OP_1左右。但是在市场上每双运动鞋的价格是

运动鞋价格（韩元）

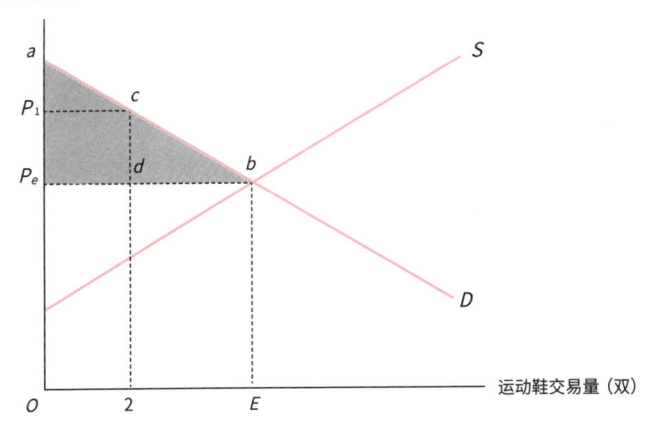

图3-1 消费者剩余

P_e，所以消费者在多购买1双运动鞋时可以获得相当于 cd 金额的消费者剩余。这将一直持续到消费者购买 OE 数量的运动鞋为止。所以图3-1中的消费者剩余用三角形 aP_eb 的面积来表示。

那么接下来我们来看一下生产者剩余的概

念吧。生产者剩余是指生产者销售某种商品或服务获得的实际销售收入与预期销售收入的差额。

例如炸鸡店老板明洙制作一只炸鸡需要12000韩元,那么至少炸鸡要卖12000韩元以上时他才会销售炸鸡。如果明洙在市场上以17000韩元的价格销售炸鸡,那么生产者剩余就是5000韩元。

在图3-2中,炸鸡的市场均衡价格和均衡交易量分别是 P_e 和 E。但是至少销售收入要与生产费用相同或更多,生产者才愿意销售 OE 数量的炸鸡。如果销售收入低于生产费用,生产者将因亏损而不再销售炸鸡。

所以销售收入至少要与图上梯形 $OcbE$ 的面积相同或更大,生产者才愿意供给 OE 数量的炸鸡。但是图3-2中,生产者通过市场交易获得的销售收入是炸鸡的市场价格 P_e 和炸鸡的供给量 E 相乘得到的矩形 OP_ebE 的面积。

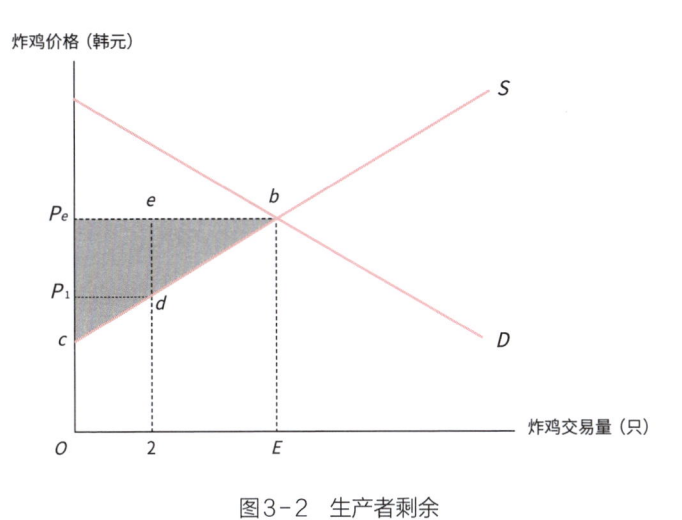

图3-2 生产者剩余

如果供给2只炸鸡,生产者认为销售的最低价格应该是 OP_1。但是当市场上一只炸鸡的销售价格为 P_e 时,生产者多供给1只炸鸡,可以得到的生产者剩余是相当于 de 的金额。这将一直持续到消费者购买 OE 数量的炸鸡为止。所以生产者获得的生产者剩余实际上是销售收入 OP_ebE 减去至少应该得到的预期销售收入 $OcbE$，即 cP_eb。

有效资源配置的结果

到目前为止，我们了解了个人消费者和个人生产者通过市场交易获得的消费者剩余和生产者剩余这两个概念。一个市场上的所有消费者的消费者剩余总和被称为市场消费者剩余；一个市场上的所有生产者的生产者剩余总和被称为市场生产者剩余。市场消费者剩余和市场生产者剩余的总和被称为社会剩余（social surplus），又称总剩余（total surplus）、总利益（total benefits）。

另一方面正如前面提到的，我们可以从多个方面来判断市场是否进行了有效的资源配置。让我们进一步了解一下剩余和有效的资源配置之间的关系吧。

在市场上交易某一产品时，市场上的所有消费者或生产者均可获得市场消费者剩余和市场生产者剩余。而且从整个社会来看，市场消费者剩余和市场生产者剩余的总和，即社会剩余产生的相应的利润。

假设在图3-3的市场中只存在消费者和生产者，那么此时社会剩余的多少在图中可以用三角形abc的面积来表示。但前提是要在市场均衡的条件下。

如果市场出现不完全竞争的形态，即垄断竞争市场、完全垄断市场的形态，市场的价格机制将无法发挥应有的作用。这种情况下社会剩余比三角形 abc 的面积小。所以只有某个市场的社会剩余像上图中三角形 abc 的面积一样大时,我们才可以说在那个市场上实现了有效的资源配置。

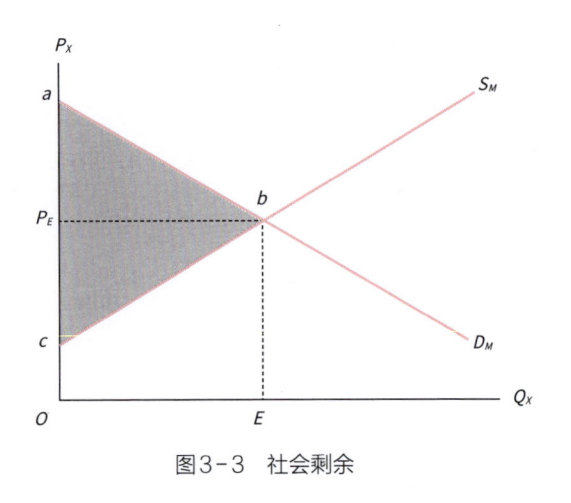

图3-3 社会剩余

机会成本与经济地租

对于第一次接触经济学的人来说还有一个

很难理解的概念，那就是生产者剩余和经济地租。将这两者混淆的最大原因是在图上这两者的表示方式几乎一模一样。但是从经济学的角度来看，生产者剩余和经济地租是完全不同的概念。那么我们先来看这两者的区别吧。

生产者剩余是商品市场定义的概念，经济地租是生产要素市场定义的概念。定义这两者的市场本身不同，这可能是两

> **存量**
> 不是通过交易获得的，而是指原本就拥有的生产要素数量。

者最大的区别。另外生产者剩余与"固定的某些东西的代价"完全无关，而经济地租是"固定的生产要素的代价"，这一点也是一个重要差异。

通常"地租"是指利用像土地一样固定存量或供给量的生产要素而需要付出的代价。经

济学理论发展初期，以使用他人土地为代价支付的租金被定义为地租。这是因为供给量固定的生产要素的代表性例子就是土地。

但是随着经济社会的急速发展，生产要素的重心从土地转向劳动、资本、技术。与此同时现有的地租概念也扩大到了具有固定性特点的其他生产要素。在这种情况下，经济地租这一新概念诞生了。

经济地租，用一句话可以概括为"因为生产要素的供给是无弹性的，因而产生的一种额外收入"。首先让我们来了解一下"生产要素的供给是无弹性的"这句话的含义。

如果生产者随时都可以雇用到需要的人，这种情况下劳动这一生产要素的供给是有弹性的。相反，如果即使生产者给再多的钱，都不能轻易雇用到需要的人，这种情况下劳动这一生产要素的供给就是无弹性的。

假设现在需要雇用餐厅服务员和著名歌星。餐厅服务员可以看作是任何人都能从事的职业。所以餐厅里如果需要雇用服务员，很容易就能招到。也就是说，此时劳动这一生产要素的供给很有弹性。

但是成为著名歌星并不是任何人都能做到的。只有获得很高知名度的极少数艺人才能被称为是"明星"，所以著名歌星这一劳动生产要素的供给是非常没有弹性的。

如果比较餐厅服务员和著名歌星能获得的劳动报酬，当然可以看出著名歌星能获得的劳动报酬更高。这是因为著名歌星的经济地租比餐厅服务员的经济地租大得多。为了更准确地

要素收入

作为提供劳动、土地、资本等生产要素的报酬所得，以工资、地租、利息等形式发放。

理解这一点，我们需要学习机会成本这一经济概念。

消费者将自己拥有的生产要素提供给生产者可以赚取工资收入等要素收入，而这种生产要素也可以用于各种其他用途。例如拥有劳动力的消费者可以在工地搬运砖头，也可以成为环卫工人，也可以成为著名歌星。

这时某个人将自己所具有的生产要素供给到某个特定用途上，是因为他们认为比起供应给其他用途，现在的选择更好。这时判断哪种选择更好的标准之一就是机会成本。

机会成本是指为了阻止一个生产要素从现在的用途变成其他用途而必须支付的报酬。即假设经济等外在因素固定不变，为了阻止某个

生产要素被转移到其他用途上，至少要支付其被用于其他用途时可以获得的同等的报酬或更多的报酬。

那么让我们以此为基础重新了解一下经济地租的概念吧。某一生产要素的经济地租是指其所获取的总报酬与机会成本的差额。换句话说，从支付给生产要素的总报酬中减去机会成本就是经济地租。为了帮助大家更好地理解上述内容,用图3-4来阐释机会成本和经济地租。

如图3-4所示,描绘了1条劳动需求曲线和2条劳动供给曲线,即对应著名歌星的劳动供给曲线和对应环卫工人的劳动供给曲线。著名歌星的劳动供给曲线L_1比环卫工人的劳动供给曲线L_2要陡峭。这意味着什么呢?

劳动供给曲线陡峭说明这种劳动生产要素的供给没有弹性。也就是说,从事这种职业的人在社会上是稀少的,即使给很多钱,也很难轻易雇用到。

相反,很多普通人都可以履行环卫工人的职责,所以环卫工人的劳动供给曲线比较平缓。这意味着这种劳动生产要素的供应有弹

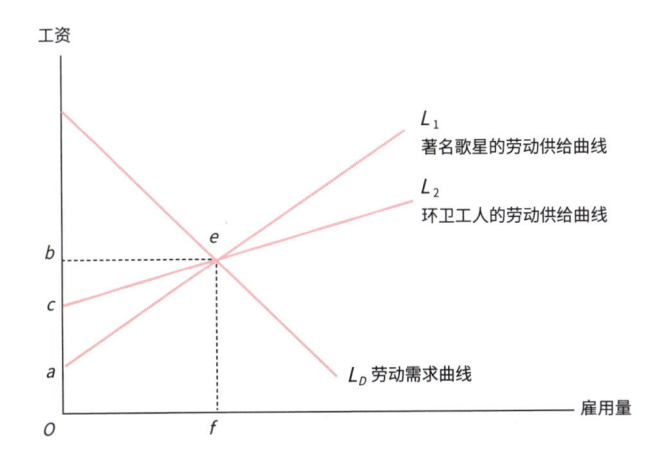

图3-4 机会成本与经济地租

性，这也意味着这种职业可以轻松雇用到很多人。

在图3-4中，著名歌星的机会成本可以用梯形 $aOfe$ 的面积表示。著名歌星的总报酬可以用矩形 $bOfe$ 的面积表示。所以图中著名歌星的经济地租是总报酬减去机会成本，可以用三角形 aeb 的面积表示。

第三章 多样的市场形态

另一方面，清洁工的机会成本可以用梯形 $cOfe$ 的面积表示。清洁工的总报酬可以用矩形 $bOfe$ 的面积表示，所以图中清洁工的经济地租是总报酬减去机会成本，可以用三角形 ceb 的面积表示。在图3-4中，著名歌星的经济地租比环卫工人大，所以现实中著名歌星的年薪比环卫工人获得的收入高。

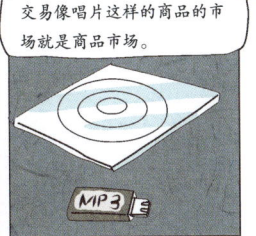

爸爸商品市场和生产要素市场有什么不同啊？

这个问题很重要。

你通过什么方式听歌啊？

买唱片听。

交易像唱片这样的商品的市场就是商品市场。

交易在制造唱片过程中投入的生产要素的市场就是生产要素市场。

计划通过生产唱片收获10亿韩元的销售额，最后获得了20亿韩元，此时的生产者剩余是10亿韩元。

在商品市场中，生产者剩余和消费者剩余的概念也很重要。

我想买10000韩元的音乐唱片，而在网上购买只花了9000韩元，此时的消费者剩余是1000韩元。

当市场充分有效运转时，社会剩余达到最大。

劳动市场是最有代表性的生产要素市场。

这是这个月的版权费。

这就是工资，即对劳动所付的报酬。

因为像这样的著名歌星是很稀缺的，生产要素几乎没有弹性，所以经济地租很高。

给您多少钱都可以，请为我们演出一次吧。

四种市场类型

根据不同的竞争程度,市场主要分为四种类型。其中竞争最激烈的市场类型就是完全竞争市场,其次分别是垄断竞争市场、寡头垄断市场、完全垄断市场。特别是完全垄断市场,可以说是几乎不存在竞争的市场。

> 并非所有市场类型的竞争程度都一样。根据竞争程度不同区分市场类型,可以分为垄断竞争市场、寡头垄断市场、完全垄断市场和完全竞争市场。

完全垄断市场出现于铁路和水资源管理等几个民生重要领域,但完全竞争市场几乎是不存在的。我们在现实中经常接触的大部分市场类型是垄断竞争市场或寡头垄断市场。那么从现在开始我们来了解一下各个市场类型的不同之处。

完全竞争市场

完全竞争市场顾名思义就是指实现完全竞争的市场，完全竞争意味着竞争非常激烈。关于竞争可以带来的好处前文中也提到过，大家还记得吗？生产者与生产者之间、消费者与消费者之间、生产者和消费者之间的激烈竞争，不仅能使商品降低生产成本，还使消费者提升对商品的满意程度。但是想成为这样的完全竞争市场，必须满足非常苛刻的前提条件。

首先相关市场应该存在大量的消费者和生产者。这暗示着在这个市场上的个别消费者和生产者不能随心所欲地提高商品价格，即行使市场支配力。由此我们可以推测出越是接近完全竞争，市场支配力就越小。

另外生产者出售的商品在性能、形态、大小、质量等方面必须相同。因此这种商品必然只存在一种价格，这也被称作一物一价法则，完全竞争市场也遵循这种法则。此时价格是市场赋予的，因此生产者和消费者都会成为价格接受者（price taker）。

除此之外，完全竞争市场的重要前提条件之一就是"完全信息"，即消费者和生产者能够轻易获得有关商品的所有信息。如果商品价格发生变化，相关信息会立即传达给消费者和生产者，提示消费者不要以高于新的市场价格的价格购买该商品。

最后，生产者可以自由地进入和退出市场。如果能获得利润，生产者可以立即自由地进入市场，如果可能有损失，生产者也可以毫

不犹豫地退出市场。前者意味着没有进入壁垒，后者意味着没有退出壁垒。如果企业的进入和退出存

> 在完全竞争市场，销售的商品具有同质性，市场上的交易者人数众多，因此个别消费者和生产者不会影响市场价格。

在制约，且市场上存在的企业数量有限，就意味着个别生产者可以行使市场支配力，因此这种市场不能说是完全竞争市场。

在观察上面提到的成为完全竞争市场的几个前提条件时，也许有人会怀疑真的有能够满足如此苛刻条件的市场吗？这个问题问得非常好。那么我们来看看现实中的完全竞争市场实际上是以什么形态出现的。

有些经济学书籍中介绍说农产品市场和股票市场是完全竞争市场，但是严格来说农产品市场和股票市场并不是完全竞争市场。原因很

简单，大米的品质不完全一样。按照普通栽培方法生长的水稻，和按照绿色有机方式栽培的水稻在质量上并不相同。因此，绿色有机的大米价格会比普通大米贵很多。

股票市场也是如此。在股票市场中流通的信息有相当一部分是不完整和不确定的信息。小额投资者们被所谓的虚假信息所欺骗，遭受巨大的失败也与此不无关系。所以可以说股市并不是完全竞争市场。

既然不存在完美的完全竞争市场。那么我们为什么要学习在现实中根本不存在的完全竞争市场呢？原因非常简单，因为学习完全竞争市场具有重要的经济意义。

我们之所以要学习完全竞争市场，是因为它已经成了一种判断标准或者说衡量尺度。在从社会角度出发，评价垄断竞争市场、寡头垄断市场、完全垄断竞争市场中的资源配置情况时，完全竞争市场就会发挥衡量作用。

完全竞争市场的价格由何决定

完全竞争市场的价格形成原理与我们前面学到的市场均衡价格的形成原理完全相同。如图3-5（a）所示，在完全竞争市场中，市场的均衡价格在图中表示为，市场需求（个人需求横向的和）曲线与市场供给曲线（个人需求横向的和）相交的点的纵坐标的值。

个别需求者和个别生产者交易的商品或服务量比市场整体的交易量小得多，因此他们对市场均衡价格的形成没有任何影响力。所以，他们只是完全接受由市场决定的市场均衡价格的价格接受者而已。

如图3-5（b）所示，作为价格接受者的个别生产者的需求曲线不是向右下方倾斜，而是用一条与横轴平行的线表示。这代表生产者和消费者均接受由市场决定的市场均衡价格。

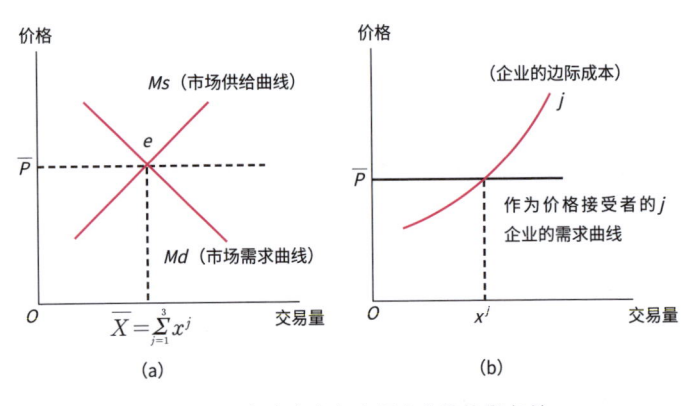

图3-5 在完全竞争市场企业的均衡条件

那么，在完全竞争市场上，各经济主体之间的激烈竞争，对社会会产生什么样的影响呢？总而言之，经济主体之间的竞争越激烈，市场资源配置就越有效率，社会福利也会因此提高。

在完全竞争市场中，众多生产者之间会开展激烈竞争。因此市场价格在激烈竞争中必然会下降，只有能够充分利用生产要素，努力降低生产成本的企业才能够在完全竞争市场上生存下来。所以在完全竞争市场中，消费者可以用较低的价格得到优质的商品和服务。

总而言之，完全竞争市场会对整个社会产生非常积极的影响。生产者之间的激烈竞争，迫使生产者通过技术革新来降低生产成本，以最低的成本生产最好的商品。在这一激烈竞争的过程中，社会满意度会大幅提高。

垄断竞争市场

垄断竞争市场在我们生活中最为常见。医

院、药店、澡堂、美容院、洗衣店、网吧、书店、花店、咖啡厅、餐厅等就是垄断竞争市场的代表性例子。垄断竞争市场与完全竞争市场有相似之处，也有不同之处。一个市场内存在大量的生产者，生产者进入和退出市场比较自由，这两点与完全竞争市场相似。

但与完全竞争市场截然不同的是，垄断竞争市场的生产者通过"产品差异化"来维护自己的客户群，担当价格设定者（price maker）的角色，进行以广告、质量、设计为首的非价格竞争。需要注意的是，在完全竞争市场中只存在价格竞争。

> 由生产不同品质商品的多数生产者组成的市场被称为垄断竞争市场。

非价格竞争
指除价格以外的竞争，即在产品质量、设计、广告宣传等方面进行竞争。

第三章　多样的市场形态

在讨论之前简单地说明一下产品差异化。产品差异化是指生产者将某个商品制造得与其他同类商品有所不同，让消费者认为该商品具有不同于其他同类商品的某种特性。

例如，去小区理发店和著名发型设计师经营的理发店得到的烫发效果也许一模一样，但消费者感受到的服务及其价值则完全不同。小区理发店和著名发型设计师经营的理发店的烫发价格不同也是因为这个原因。在这种情况下，垄断竞争市场不再像完全竞争市场那样适用一物一价的法则。这就是产品差异化的代表性例子。

> 即使是同样的服务，每个生产者在商标、设计、质量、售后服务等方面也有一定的差异，这就是产品的差异化战略。

垄断竞争市场的价格由何决定

在完全竞争市场中,生产者无条件地接受了由市场决定的市场均衡价格。所以个别生产者的市场需求曲线在图中是一条平行于 x 轴的水平线。但是在垄断竞争市场则不会发生这样的事情。因为在垄断竞争市场,生产者可以通过产品差异化,影响市场价格的决定。

所以在垄断竞争市场下,个别生产者的市场需求曲线与完全竞争市场的情况不同,呈向右下方倾斜的形态。个别生产者以保障自己的最大利润为前提设定商品价格。一般来说,垄断竞争市场中的市场价格高于完全竞争市场中由市场决定的市场均衡价格。生产者之所以能够定如此高的价格是因为他们知道,顾客愿意购买具有差异化的商品。

垄断竞争市场是好还是坏

那么与完全竞争市场相比,垄断竞争市场是好还是坏呢?结论很难用一句话概括。

垄断竞争市场的市场价格因产品差异化高于完全竞争市场的均衡价格。对于个别生产者来说市场价格水平高无疑是值得高兴的事情,但从消费者立场来看则相反。生产者推进产品差异化战略,为包装商品做大量广告后,将宣传费用纳入商品成本,以此向消费者收取更高价格,这种情况对消费者来说不是值得高兴的事情。因为消费者想要尽量以低价格购买高质量的商品。

只注重表面上的产品差异化,而以此提高价格,这明显是不正确的。

但是为了满足消费者的个性或偏好而试图

推进真正的产品差异化,这样生产者要求提高价格是可以接受的。因为此举可以满足消费者的偏好。

垄断竞争市场的产品差异化既有积极的一面也有消极的一面。因此在评价垄断竞争市场时,最好综合考虑以下事项之后再做出严谨的判断。

首先要确认生产者是否实现了真正的产品差异化。另外还要考虑生产者制定的市场价格是否能让消费者获得相当程度的主观满意度。最后要考虑生产者是否为了宣传商品而发布夸大性广告或虚假广告,要判断这种广告是否有迷惑消费者或引导消费者冲动购买的意图。

寡头垄断市场

寡头垄断市场是指少数生产者控制的市

场。在我们的周围,寡头垄断市场的例子随处可见,比如汽车市场、家电市场、移动通信市场、能源市场、轮胎市场等。

判断某个市场是否是寡头垄断市场,主要有5个标准。第一个标准是该市场上制造和销售商品的生产者占少数,而且他们的共同点是大部分生产者都拥有很高的市场份额。

> 受少数生产者控制的市场被称为寡头垄断市场,他们之间相互依赖性大,会出现多种战略和竞争局面。

第二个标准是进入壁垒非常高。从汽车、家电、轮胎、原油市场就可以知道这一点。这些行业在初期往往需要很多的设施投资费用,因此一般生产者很难轻易进入这类市场。

第三个标准是生产者之间存在紧密的相互依存关系。在寡头垄断市场,生产者占少数,所以生产者之间的联系十分紧密。另外在寡头垄断市场上由于生产者的市场份额较大，因此如果某个生产者改变价格或产量，将对其他生产者产生巨大影响。前面所说的存在相互依存关系就是指这点。

第四个标准是在寡头垄断市场上，价格僵化现象尤为突出。我们来看看出现这种现象的原因吧。如果一个生产者降低价格，消费者就会涌向那个生产者。那么其他生产者为了不被抢走顾客，也只能跟着降低价格。

另外，即使某一个生产者提高价格，其他生产者为了不流失顾客也不会提高价格。那么为了获得更多的利润而提高价格的

市场份额
是指在市场上交易的某个商品的总销售量中，某一企业的商品销售量占市场总销量的比率。

相互依存关系
是指不同个体之间相互影响，具有共生关系。

第三章　多样的市场形态

企业反而会销量下降,从而遭受损失。因此在寡头垄断市场上,生产者随心所欲地提高或降低价格并不像说的那么容易。价格竞争会给双方都带来不利,因此寡头垄断市场很容易出现出现价格僵化现象。

第五个标准是在寡头垄断市场中生产者为了避免"自食其果"的竞争,最大限度地扩大利润,生产者倾向于成立卡特尔(cartel)这种垄断组织。关于卡特尔将在后文详细讲解。

寡头垄断市场的价格由何决定

寡头垄断市场是如何决定市场价格的,这个问题没有那么明确的答案。原因是在寡头垄断市场中,无法预测少数生产者之间是会展开激烈的竞争,还是会通过成立卡特尔或企业联合等行为追求自己的利润最大化。

卡特尔是指寡头垄断市场上生产同类商品的生产者以控制和垄断特定商品的市场为目的而成立的一种企业联合同盟。卡特尔这种垄断组织能够决定某类商品的市场价格和市场销售量。因此大部分国家都在法律上禁止成立卡特尔。以中东产油国为中心成立的石油输出国组织（OPEC）就是卡特尔的代表性例子。

另外卡特尔是以限制或缓解企业相互之间的竞争为目的，在同种或类似产业领域的企业之间形成的一种企业联合。因此根据卡特尔协定，加盟企业的活动受到部分限制，但保有企业的法律独

石油输出国组织标志

石油输出国组织

1960年在巴格达成立,组织成员包括伊朗在内的5大石油出口国,是为了强化对国际石油资本的发言权而成立的国际组织,目前以中东产油国为中心,已有13个产油国加入。

立性。

如果寡头垄断市场中的少数生产者成立卡特尔并很好地维持下去,这会造成寡头垄断市场的市场价格比完全竞争市场或垄断竞争市场高,商品的市场供应量将大幅减少。因此消费者只能以高价购买少量商品。这最终会导致消费者的福利减少。这里所说的福利减少,是指随着商品价格的上涨,消费者的实际收入和商品消费量的减少,以及由此导致的消费者生活质量的下降。

相反在寡头垄断市场上,如果生产者之间成立的卡特尔崩溃,生产者之间相互竞争,会导致市场价格下降。因为在其他生产者维持高

价格的情况下，只要某一个生产者降低价格，这个生产者就会因销量的增加而获得很多销售收入。但是这种情况不会持续太久。

因为在寡头垄断市场，生产者之间有很强

的相互依存关系，其他生产者决不会坐视自己的销量减少不管。如果其他生产者接连下调价格，最初实行降价的生产者将无法达成当初的目的。而且在寡头垄断市场上，生产者之间只有在"即使下调价格，销售收入也不会再增加"时才会停止降价竞争。如果在寡头垄断市场上生产者不结成卡特尔而相互竞争，会导致市场价格下降。

但是一般来说寡头垄断市场的均衡价格比完全竞争市场形成的均衡价格更高。其原因很简单，寡头垄断市场存在阻碍新生产者进入市场的壁垒，因此市场价格不能像完全竞争市场一样下降到接近生产成本的水平。

另一方面，当寡头垄断市场的生产者成功组建并维持卡特尔时，他们就像一家垄断企业一样，他们会在掌握市场需求后再决定对自己最有利的价格和产量。所以政府为了不让消费者遭受损失，从法律上禁止企业之间成立卡特尔。

完全垄断市场

完全垄断市场是指市场上只有一个生产者供给商品。那么完全垄断市场的特点是什么呢？

首先由于完全垄断市场只有一个生产者。所以完全垄断市场的市场需求曲线与完全竞争市场的市场需求曲线相同，都向右下方倾斜。因此如果完全垄断市场的生产者增加商品的供给量，商品的价格会下降，如果减少商品的供给量，商品的价格就会上升。完全垄断市场的生产者对市场价格的决定有很大的影响力。

在完全竞争市场上,个别生产者作为被动接受市场价格的价格接受者生产商品,所以完全没有市场支配力。但是完全垄断市场的生产者作为价格设定者可以随意决定市场价格,且拥有巨大的市场支配力。

另外,完全垄断市场的生产者具有不受其他竞争生产者挑战的特点。在完全竞争市场上,所有生产者都生产同质商品,所以在完全竞争市场上生产者之间会展开激烈的竞争。但是在完全垄断市场的生产者提供的商品中,没有可以与之匹敌的替代品,所以在完全垄断市场上不存在激烈竞争。

> 完全垄断市场只有一个生产者,因为完全不会出现竞争,所以生产者会对价格产生决定性的影响。

完全垄断市场的成因

完全垄断市场是因为其他生产者进入市场的壁垒高而形成的。构成这种进入壁垒的原因主要有四点。

第一点是完全垄断用于生产某种商品或服务的原材料。19世纪末美国标准石油公司支配美国的油田和能源运输系统,将其他石油公司赶出石油产业就是一个典型的例子。

第二点是通过政府的专利权、商标权、许可等,在法律的保护下享受垄断地位。过去美国政府允许比尔·盖茨创办的微软公司开发的Windows系统独家销售,并通过立法严厉打击非法复制就是代表性的例子。美国政府之所以采取这样的措施是为了通过促进技术革新,谋求经济增长以及提高国家竞争力。

韩国电力公司是自然垄断的代表性例子

第三点是规模经济带来的自然垄断的出现。规模经济是指生产水平越高生产单价越低的现象。规模经济主要发生在电力、水力、信息通信、铁路等需要巨额初期投资成本的公共事业领域。因为在这种产业中，当一个生产者垄断供给时，可以以最低的价格供应给消费者。在此过程中必然发生的垄断在经济学中被定义为自然垄断。

自然垄断在生产方面可以以最低的价格生产，因此效率很高，但从消费者的立场来看，可能会因为自然垄断而产生损失。所以大部分国家为了让处于自然垄断状态的生产者保持适当的价格，对其有严格的政府管制。

第四点是政府为了特殊目的，指定特定生产者，赋予其垄断地位的情况。政府以增加财政收入为目的，赋予韩国KT&G公司烟草和红参的生产及销售垄断权就是一个例子。

完全垄断市场的价格由何决定

在完全竞争市场上，市场均衡价格是由水平的市场需求曲线和市场供应曲线相交而形成的，个别生产者接受市场均衡价格。那么完全垄断市场是如何决定市场价格的呢？

在完全垄断市场上具有垄断地位的生产者提供完全没有替代品的商品，因此即使上调价格，也不必担心顾客被其他生产者抢走。在这种情况下具有完全垄断地位的生产者拒绝成为价格接受者。因为成为价格设定者时，可以获得更多的利益。

为此拥有完全垄断地位的生产者将仔细调查和分析自己供给商品的市场需求量。然后仔细研究价格和市场需求量之间的关系，冷静地分析什么价格能保障自己的最大利益。此时具有完全垄断地位的生产者决定的垄断价格比完全竞争市场上由市场决定的市场均衡价格更高。

但即便如此，拥有垄断地位的生产者能否无视市场需求，随心所欲地提出高得离谱的价格呢？恐怕不能那么做。因为如果定价高于消费者愿意支付的价格，大多数消费者就会毫不留恋地放弃购买具有完全垄断地位的生产者提供的商品。

如何评价完全垄断市场

可以从三个方面评价完全竞争市场和完全垄断市场。第一,将完全垄断市场决定的价格和交易量与完全竞争市场相比,可以看出完全垄断市场价格设定得更高,交易量设定得更低。因此消费者的福利会减少。这意味着消费者会支付比以前支付更高的金额来购买更少的商品,消费者的生活质量必然会下降。这也意味着我们学习过的消费者剩余的减少。

第二,在完全垄断市场,生产者可以利用完全垄断地位聚集很多财富。通过技术革新垄断赚很多钱在社会上当然是完全可以被接受的,但是通过原材料垄断或对政府的游说确保垄断地位，并以此获得很多财富的行为则应该受到社会的批评。因为完全垄断地位给垄断生产者带来的巨大利益会恶化收入分配。

第三，两者在技术革新方面具有差异。处于完全垄断地位而赚了很多钱的生产者因为有资金用于研究，所以可以积极地进行技术革新。但是也有不少人认为，这也能成为生产者因为没有竞争者所以不努力进行技术革新的诱因。总而言之，完全垄断市场对我们社会产生的影响具有两面性。

可以根据竞争的形态分为不同类型的市场。其中最有效率的市场是完全竞争市场。
这种市场的形成，需要满足很多前提条件。
完全竞争市场
在现实中很难找到案例。
垄断竞争市场的生产者通过产品的差异化战略进行竞争。
是在世界美发大赛中胜的造型师所在的地方。
我也想去。
您好，请问美发造型的价格是多少呢？
你发质与其他人不同，烫头发要贵30%。
寡头垄断市场中的生产者占少数，因此生产者之间很容易达成合作。
我们两家公司一起提高价格，销售量就不会减少了。
完全垄断市场很容易出现企业的垄断
设施老化很容易出问题……
铁路公司董事长
没事，反正只有我们能供给铁路服务，提高价格吧。
政府
金融监督员
我会好好干的。
越是缺乏竞争，市场的效率性就会越低。
根据需求与供给的原理，市场均衡价格在市场发挥很大的作用。

结语

在其他条件都不变的情况下

　　好的市场可以为市场中所有的经济主体带来利益。特别是部分经济学家期待由市场决定的价格可以起到信号作用找到均衡点,从而市场上发生的问题也会随着时间而得到解决。那么我们重新整理一下这种均衡价格到底是怎么形成的。

　　正如我们前面学到的那样,这个问题可以从需求和供给的角度来思考。向右下方倾斜的需求曲线和向右上方倾斜的供给曲线相交，就像剪刀的上刃和下刃同时发挥作用才能剪纸一样。所以不能说需求和供给中的哪个发挥了更重要的作用。通过这个想法马歇尔整理了古典学派和边际效用学派的争论。

更进一步来说用"弹性"这个概念说明与改变需求和供给的其他因素的关系。正如第二章所讲，需求量随着价格的变化而变化，需求随着消费者的偏好或收入水平、相关商品的价格变化等因素的变化而变化。测定弹性是为了了解特定变数的需求如何变化，换句话说是为了了解变化的灵活性。例如可以计算出需求（供应）的价格弹性，需求（供应）的收入弹性。

但是在现实中影响需求或供给的因素多种

多样。所以要想准确测定特定变数带来的变化，必须限制其他变数的影响。换句话说以其他变数没有变化为前提，只比较特定变数带来的变化从而进行测定。为了易于理解，可以把这个方法想象成把其他因素关在篱笆内，再一个一个拿出来分析这些因素。这在马歇尔的著名作品《经济学原理》中也有提到。

时间这一要素是使经济研究变得困难的主要原因，我们只能靠有限的能力一步步前进。在分解复杂问题时我们将妨碍研究的扰乱因素暂时隔离在被称为"Ceteris Paribus"的围栏内。
——《经济学原理》

这就是那个著名的"Ceteris Paribus"的假

设，意思是"在其他条件都不变的情况下"。当然这个方法并不是马歇尔第一个制订的，但是通过马歇尔的方法构建了确切的分析方法体系，至今为止还被广泛使用。这是以后大家学习经济学会经常用到的方法。

其实最先使用经济学一词的人就是马歇

尔。马歇尔在研究经济学的过程中，最重视的是让经济学成为现实中所有人需要的工具，不失去伦理的力量。

希望大家努力学习经济学，致力研究能够解决贫困等现实生活中的经济问题的令人温暖的经济学。不要失去初心。这就是马歇尔所说的学习经济学要有"冷静清醒的头脑和温暖的心"的现实实践。